새
청춘의
축복

* 003

새 창조의 축복

최명우 지음

초판 1쇄 인쇄 2015년 12월 10일
초판 1쇄 발행 2015년 12월 15일

발 행 처 도서출판 케리그마
발 행 인 **최명우**

책임편집 최현자
제   작 새한기획(02-2274-7809)
등   록 제2012-000036호.(2012. 1. 27.)

서울 강남구 역삼로 8길 12 (역삼동 833-6)
전화 02-562-0546
팩스 02-563-4657
E-mail pwgangnam@gmail.com
http://www.fggn.kr

ISBN 979-11-954054-3-5   03230

최명우 목사의 희망 메시지·3

새 창조의 축복

도서
출판 케리그마

Blessings of New Creation

by
Myung Woo Choi

Kerygma Book House
Seoul, Korea
2015

예레미야 선지자는 모든 것이 절망적인 시대를 살았습니다. 국가는 언제 무너져도 이상하지 않을 만큼 쇠약해 있었고, 백성들의 죄는 온 땅에 가득했습니다. 하나님의 공의는 무너졌고, 인애는 찾아볼 수 없었습니다. 그리고 왕과 백성들은 참 선지자를 핍박하고 죽이기까지 했습니다.

그렇지만 예레미야는 하나님의 말씀을 전하는 것과 기도하는 것을 멈추지 않았습니다. 그래서 그는 하나님의 심판 뒤에 감추어진 회복과 축복을 볼 수 있었습니다. 예레미야 30-31장은 그가 들었던 회복에 대한 약속과 축복입니다.

저는 이 말씀을 지난 2012년 신년 열두 광주리 특별새벽기도회에서 저희 교회의 성도님들과 함께 나누었습니다. 수많은 성도님들이 이 말씀을 듣고 용기를 얻었으며, 소망을 가지고 뜨겁게 기도하였습니다. 그리고 많은 기도의 응답이 있었습니다.

목회를 하다 보면, 종종 사람에게 실망하고, 회사에 실망하고, 국가에 실망하고, 자신에게 실망한 사람들을 만나게 됩니다. 그리고 포기해야 할 목록이 점점 늘어가는 세대 속에서 힘겨운 나날을 보내고 계신 분들을 만나게 됩니다.

그래서 저는 예레미야 30-31장의 말씀을 책으로 출간하여 더 많은 분들과 나누려고 합니다. 그분들이 다시 힘을 얻고, 새롭게 시작하며, 복된 인생을 살아가기를 소원하기 때문입니다. 그리고 이것은 이 시대를 향한 하나님 아버지의 마음이기도 합니다. 저는 다만 하나님 아버지의 마음을 먼저 깨닫고 그것을 나눌 뿐입니다.

이 책을 읽으시는 모든 분들이 하나님의 말씀으로 말미암아 힘과 용기를 얻고 기도의 자리로 나아가 뜨겁게 기도하여 하나님의 놀라운 복을 받게 되시기를 기도하겠습니다.

2015년 가을
최명우 목사

차 례

새 창조의
축복

Contents

차 례

Contents

새 창조의
축복

Blessings of New Creation

차 례

C o n t e n t s

새 정소의 죽복

새
창조의
축복 렘 30장

PART 1

땅의
축복

예레미야 30:1-11

새 창조의 축복 1 • 렘 30장

땅의 축복

예레미야 30:1-11

"야훼께로부터 말씀이 예레미야에게 임하여 이르시니라 이스라엘의 하나님 야훼께서 이와 같이 말씀하여 이르시기를 내가 네게 일러 준 모든 말을 책에 기록하라 야훼의 말씀이니라 보라 내가 내 백성 이스라엘과 유다의 포로를 돌아가게 할 날이 오리니 내가 그들을 그 조상들에게 준 땅으로 돌아오게 할 것이니 그들이 그 땅을 차지하리라 야훼께서 말씀하시니라 야훼께서 이스라엘과 유다에 대하여 하신 말씀이 이러하니라 야훼께서 이와 같이 말씀하시되 우리가 무서워 떠는 자의 소리를 들으니 두려움이요 평안함이 아니로다 너희는 자식을 해산하는 남자가 있는가 물어보라 어찌하여 모든 남자가 해산하는 여자 같이 손을 자기 허리에 대고 모든 얼굴이 겁에 질려 새파래졌는가 슬프다 그 날이여 그와 같이 엄청난 날이 없으리라 그 날은 야곱의 환난의 때가 됨이로다 그러나 그가 환난에서 구하여 냄을 얻으리로다 만군의 야훼의 말씀이라 그 날에 내가 네 목에서 그 멍에를 꺾어 버리며 네 포박을 끊으리니 다시는 이방인을 섬기지 않으리라 그들은 그들의 하나님 야훼를 섬기며 내가 그들을 위하여 세울 그들의 왕 다윗을 섬기리라 야훼의 말씀이니라 그러므로 나의 종 야곱아 너는 두려워하지 말라 이스라엘아 놀라지 말라 내가 너를 먼 곳으로부터 구원하고 네 자손을 잡혀가 있는 땅에서 구원하리니 야곱이 돌아와서 태평과 안락을 누릴 것이며 두렵게 할 자가 없으리라 이는 야훼의 말씀이라 내가 너와 함께 있어 너를 구원할 것이라 너를 흩었던 그 모든 이방을 내가 멸망시키리라 그럴지라도 너만은 멸망시키지 아니하리라 그러나 내가 법에 따라 너를 징계할 것이요 결코 무죄한 자로만 여기지는 아니하리라"(렘 30:1-11).

본문은 땅의 축복에 대한 약속이 담겨 있습니다.
여기에 나오는 땅은 가나안 땅입니다. 이 땅은 오래 전 이스라엘 자손의 조상들에게 하나님께서 약속하셨던 땅입니다. 그러나 이스라엘 자손들의 죄로 인하여 빼앗겼던 곳입니다. 그러한 땅을 하나님께서는 다시 되찾게 하실 것이라고 말씀하고 계신 것입니다. 그리고 지켜주시겠다고 약속하십니다. 약속의 땅을 얻어서 하나님의 보호하심을 따라 살아가는 것이 바로 땅의 축복입니다.

땅이라고 하면 사람들은 무엇을 생각할까요? 아마도 집을 지을 수 있는 곳이나 농사를 지을 수 있는 곳으로만 생각할 것입니다. 하지만 땅은 단순히 집을 짓는 곳이나 농사를 짓는 곳 이상의 의미를 가지고 있습니다. 인간의 문명은 어느 한 장소에 정착하고 농사를 짓기 시작하면서부터 급속도로 발달했습니다. 그리고 현대의 놀라운 문명도 땅에서 나오는 수많은 자원들이 있었기에 가능했습니다. 땅은 인간이 살아가는 삶의 터전입니다. 그러므로 땅의 축복은 이스라엘 자손의 모든 삶의 터전이 하나님의 은혜로 회복되고, 하나님의 보호하심 가운데 평안을 누리는 것입니다. 그리고 이후에 살펴보게 될 다른 축복들의 기반이 됩니다.

본문을 통하여 이스라엘 자손들은 어떻게 땅을 되찾게 되고 하나님의 보호하심 가운데 살게 되는지 세 가지로 살펴보도록 하겠습니다. 이 말씀을 자신의 삶에도 적용하여 이스라엘 자손들에게 약속된 땅의 축복을 받아 누리시기 바랍니다.

1. 조상들의 땅으로 돌아오게 될 이스라엘(1-3절)

사람의 약속은 언제든지 바뀔 수 있습니다. 그러나 하나님의 약속은 항상, 그리고 어떤 상황에서든 신뢰할 수 있습니다. 하나님은 신실하시기 때문입니다. 그러므로 이스라엘 자손들은 어떠한 처지에 있든지 하나님의 약속을 절대적으로 신뢰해야 합니다.

1) 하나님의 모든 말씀이 책에 기록됨

하나님께서는 예레미야에게 다음과 같이 말씀하셨습니다.

"내가 네게 일러 준 모든 말을 책에 기록하라"(2절).

이것은 이 약속의 말씀을 듣고 잊어버리지 말고 계속해서 기억하고 묵상하라는 의미입니다.

그리고 또 증거로 삼기 위해서입니다. 만약 글로 기록이 남아 있지 않다면 약속이 이루어진 후 이스라엘 자손들은 그것을 자신들의 노력이나 이방 왕의 은혜, 혹은 역사의 우연 정도로밖에 생각하지 않았을 것입니다. 그러나 책으로 기록되어 있기에 하나님께서 이루셨음을 깨달을 수 있는 것입니다.

또한 이것은 반드시 이루겠다는 하나님의 의지를 나타냅니다.

'기록하다'라는 말은 히브리어로 '케타브(כתב)'인데, 이는 '글을 쓰다', '기록하다', '명부에 기입하다'라는 뜻으로 공식적인 문서로 작성하는 것을 말합니다. 하나님은 반드시 이 약속을 지키실 것을 공식적인 문서를 통해 약속하신 것입니다.

성경은 하나님께서 우리에게 주신 기록된 말씀입니다. 여기에는 수많은 약속이 담겨 있습니다. 성경을 통하여 하나님께서 약속하신 모든 말씀을 온전히 믿으시기 바랍니다. 하나님께서 반드시 이루실 것입니다.

2) 회복의 날이 올 것임

또한 하나님께서는 "보라 내가 내 백성 이스라엘과 유다의 포로를 돌아가게 할 날이 오리니"(3절a)라고 말씀하셨습니다. 어쩌면 사람들은 나라가 망했으니 모든 것이 끝났다고 생각했을지도 모릅니다. 주변 나라를 봐도 한 번 나라가 망하면 다시 회복되는 것은 거의 찾아볼 수 없는 일이었기 때문입니다. 그러나 하나님의 심판에는 정해진 기한이 있으며, 그 기간이 지나면 반드시 회복의 날이 오게 된다고 약속하셨습니다.

때로는 어려운 문제를 만날 수도 있습니다. 하지만 그 어려움은 영원하지 않습니다. 사람의 생각으로는 벼랑 끝에 몰린 것처럼 보이지만 하나님께서는 회복의 날을 준비하고 계십니다. 그리고 그 날이 올 것이라고 말씀하십니다. 그래서 하나님께서는 다음과 같이 말씀하십니다. "너는 내게 부르짖으라 내가 네게 응답하겠고 네가 알지 못하는 크고 은밀한 일을 네게 보이리라" (렘 33:3). 회복의 날을 바라보며 하나님께 부르짖어 기도하시기 바랍니다. 그 날이 오기 전까지 결코 기도를 멈추지 마시기 바랍니다.

3) 고국으로 돌아와 땅을 차지할 것임

그리고 하나님께서는 "내가 그들을 그 조상들에게 준 땅으로 돌아오게 할 것이니 그들이 그 땅을 차지하리라 야훼께서 말씀하시니라"(3절b)고 말씀하십니다. "야훼께서 말씀하시니라"라는 말씀은 하나님께서 당신의 이름을 내걸고 보장하고 계신다는 의미입니다.

이스라엘 자손들이 어떻게 고국으로 돌아오고 다시 가나안 땅을 차지하게 되었는지를 보면, 우리는 하나님의 말씀이 신실하게 이루어졌음을 알게 됩니다. 유다 나라는 바벨론 땅에서 독립 운동을 한 것도 아니고 영향력 있는 나라가 대신 싸워서 해방시켜 준 것도 아니었습니다. 그렇지만 하나님의 때가 이르자 고레스 왕의 칙령이라는 믿을 수 없는 방법으로 다시 약속의 땅으로 돌아올 수 있었습니다. 이처럼 하나님의 약속은 우리의 생각을 초

월하여 성취됩니다. 그러므로 사방이 막혔다고 해도 절망하지 말고 하나님의 신실하신 약속을 붙잡고 나아가시기 바랍니다.

2. 환난에서 야곱을 구하시는 하나님(4-7절)

본문 4-7절은 하나님의 엄중한 심판에 대해서 말씀합니다. 본문에는 하나님을 배반하고 우상숭배를 비롯한 온갖 죄를 지은 이스라엘 자손을 향한 하나님의 심판이 너무나 무섭게 묘사되어 있습니다. 그러나 그 심판의 선언은 절망으로 끝나지 않습니다. 7절 마지막에 하나님께서 다음과 같이 말씀하셨기 때문입니다. "그러나 그가 환난에서 구하여 냄을 얻으리로다."

1) 무서워 떠는 자의 소리를 듣게 됨

유다의 백성들은 나라가 망하고 대부분의 사람들이 죽거나 포로로 끌려가게 될 것입니다. 5절을 보면 "우리가 무서워 떠는 자의 소리를 들으니 두려움이요 평안함이 아니로다"라고 말씀합니다. 성문을 부수고 파도처럼 밀려오는 바벨론 군사들을 보면서 백성들이 두려움 속에서 비명을 지르는 모습을 실감나게 묘사하고 있습니다.

그리고 그때가 되어서야 백성들은 하나님께서 선지자들을 통해서 예언하게 하셨던 심판이 사실이었음을 알게 될 것입니다. 사실 그 당시 대다수의 거짓 선지자들은 나라가 평안하리라고 외쳤기 때문입니다. 그 평안을 외치는 소리에 젖어서 실낱같은 희망을 품고 있던 사람들은 바벨론 군대가 몰려오고 나라가 망하게 된 후에야 두려움에 떨며 자신들이 거짓 예언에 속아왔음을 알게 될 것입니다.

2) 해산하는 여자 같이 겁에 질림

6절에 "너희는 자식을 해산하는 남자가 있는가 물어보라 어찌하여 모든 남자가 해산하는 여자 같이 손을 자기 허리에 대고 모든 얼굴이 겁에 질려 새파래졌는가"라고 말씀합니다. 이것을 풀어서 말씀드리면 '너희는 주변 사람들에게 물어 보아라. 혹시 아이를 낳는 남자가 있느냐? 그런데 봐라. 왜 저 용맹한 군사들이 해산하는 여자 같이 손을 허리에 대고 얼굴이 새파랗게 겁에 질려 있는 것이냐?'라고 할 수 있겠습니다.

개역개정판 성경에는 똑같이 '남자'라고 나오지만, 두 번째 나오는 '모든 남자'는 특별히 전쟁에서 힘써 싸우는 용감한 군인을 의미합니다. 즉 용감한 군인들도 겁에 질려서 마치 해산을 앞둔 여인처럼 배에 손을 대고 두려워하고 있는 모습을 그리고 있는 것입니다.

그리고 "모든 얼굴이 겁에 질려 새파래졌는가"라는 말씀은 '모든 얼굴이 마치 곰팡이가 핀 것처럼 창백한 색으로 변하였는가?'라는 뜻입니다. 이는 얼마나 겁에 질렸는지 얼굴에 생기를 잃고 창백하게 변해버린 용사의 얼굴을 묘사하고 있습니다.

이처럼 하나님께서는 희화적(戱畵的)인 표현들을 사용하셔서 앞으로 얼마나 엄청난 심판의 날이 다가올 것인지 심각하게 말씀하셨던 것입니다.

3) 환난에서 구하여 냄을 얻음

이스라엘 자손은 반드시 심판을 받게 될 것입니다. 그러나 하나님께서는 그들을 계속해서 고통 가운데 방치하지는 않으실 것입니다. 오래 전 그들의 조상들이 애굽에서 고통을 당할 때 그 부르짖음을 듣고 구원하셨던 것처럼, 이들도 구원하실 것입니다. 그래서 하나님께서는 7절에 "슬프다 그 날이여 그와 같이 엄청난 날이 없으리라 그 날은 야곱의 환난의 때가 됨이로다"라고 하신 이후에 곧바로 이어서 "그러나 그가 환난에서 구하여 냄을 얻으리로다"라고 말씀하고 계신 것입니다. 비록 이스라엘 자손들이 자신들의 죄로 인하여 심판을 받았다고 해도 하나님께서는 그들을 긍휼히 여기셔서 환난에서 구하여 내시는 것입니다.

자신이 지은 죄로 스스로 심판을 자초한 이스라엘도 건지시는 하나님께서 어찌 무고하고, 어려움을 겪으며 환난 가운데 있는 당신의 자녀들을 모른 체 하시겠습니까? 하나님은 당신의 자녀들이 고통 속에서 부르짖는 소리를 들으시되, 신음하는 소리와 깊은 한숨소리까지도 들으십니다. 그리고 그들을 건지십니다. 그러므로 감당할 수 없는 슬픔과 절망에 처하고 두려움에 떨게 될 때에 하나님께 나와 부르짖어 기도하시기 바랍니다. 하나님께서는 세상이 줄 수 없는 위로와 평안을 주시며 모든 어려움을 능히 이기게 하실 것입니다.

3. 하나님의 은총과 의로우심(8-11절)

거짓 선지자들은 백성에게 계속해서 평안과 축복의 메시지만 전해왔습니다. 그러나 그들의 메시지는 하나님에 대한 진정한 앎에 기초하지 않은 메시지였습니다. 그들은 피상적으로 하나님의 약속을 이해하고 사람들의 귀에 듣기 좋게만 이야기했던 것입니다.

그러나 본문에서 예레미야 선지자는 하나님의 진정한 회복에 대해서 전파합니다. 공의의 하나님은 이스라엘의 죄를 심판하실 것입니다. 그러나 하나님의 인자하심은 이스라엘을 멸망과 환난 가운데 그대로 내버려 두지 않으시고 회복시키실 것입니다. 그러므로 하나님의 인도하심에는 늘 희망이 있습니다.

1) 멍에를 꺾어 버리고 야훼를 섬길 것임

하나님께서는 8절에서 "그 날에 내가 네 목에서 그 멍에를 꺾어 버리며 네 포박을 끊으리니"라고 말씀하십니다. 이는 포로로 잡아간 이방 나라의 압제에서 그들을 건져내실 것이라는 약속의 말씀입니다. 이 말씀은 오늘날 예수님께서 죄와 파멸과 저주의 멍에와 포박을 끊으시고 우리를 건지신 것을 떠올리게 합니다. 우리는 마귀의 노예로 일평생 저주 가운데 살다가 파멸과 심판으로 끝나버릴 인생이었지만, 예수님께서 우리를 하나님의 자녀가 되게 하셨습니다.

그리고 하나님께서는 9절에서 "그들은 그들의 하나님 야훼를 섬기며 내가 그들을 위하여 세울 그들의 왕 다윗을 섬기리라"고 말씀하십니다. 이 말씀처럼 오늘날 우리는 야훼 하나님을 섬기며 우리의 왕이신 예수 그리스도를 섬깁니다. 그리고 예수님은 우리를 영원히 다스리시며 보호하실 것입니다.

2) 구원받은 이스라엘을 두렵게 할 자가 없음

바벨론의 군사들이 파도처럼 밀려들어올 때 이스라엘 자손들은 겁에 질려 도망가기에 바빴을 것입니다. 포로로 잡혀갈 때에는 마음에 절망과 두려움이 가득했을 것입니다. 그리고 낯선 땅에 정착해 살면서 많은 어려움을 겪었을 것입니다.

그러나 하나님께서는 다음과 같이 약속하셨습니다. "그러므로 나의 종 야곱아 너는 두려워하지 말라 이스라엘아 놀라지 말라 내가 너를 먼 곳으로부터 구원하고 네 자손을 잡혀가 있는 땅에서 구원하리니 야곱이 돌아와서 태평과 안락을 누릴 것이며 두렵게 할 자가 없으리라"(10절). 하나님의 회복의 역사가 나타나게 되면 그 누구도 구원받은 이스라엘 자손을 두렵게 할 자가 없을 것입니다. 그리고 그들은 태평과 안락을 누리게 될 것입니다.

현재 우리나라는 안팎으로 많은 어려움을 겪고 있습니다. 북한의 위협은 오래 전부터 계속되었고, 국가 경제의 전망이 어둡다는 언론의 보도들도 연이어 나오고 있습니다. 그렇지만 이 땅에 복을 주시는 분은 하나님이십니다. 하나님께서 지켜주셔야 평안이 다가오고 안락이 찾아올 수 있습니다. 그러므로 이 나라가 선진국이 되고 평안하며 다시는 전쟁의 환난이 없게 되는 것은 오직 하나님의 손에 달려 있는 것입니다. 우리가 예수님을 잘 믿고 하나님 앞에서 의롭게 살아가면 하나님께서는 이 민족을 지켜주시고 평안을 주실 것입니다.

3) 멸망시키지 않으심

또한 하나님께서는 "내가 너와 함께 있어 너를 구원할 것이라 너를 흩었던 그 모든 이방을 내가 멸망시키리라 그럴지라도 너만은 멸망시키지 아니하리라"(11절)라고 말씀하십니다. 북왕국 이스라엘을 멸망시킨 앗수르나 남왕국 유다를 멸망시킨 바벨론은 모두 망했습니다. 그러나 이스라엘 자손들은 다시 그 땅에 나라를 세우게 될 것입니다.

하지만 이것은 이스라엘 자손들이 하나님 앞에서 의롭게 산 결과가 아닙니다. 그들이 회복된 이유는 단 하나, 하나님께서 그들을 긍휼히 여기셔서 구원하기로 작정하셨기 때문입니다.

이스라엘 자손들처럼 우리의 삶에도 많은 죄가 있습니다. 죄를 지었는데 아무런 문제가 생기지 않는다고 해서 하나님께서 우리를 무죄한 자로 여기시는 것이 아닙니다. 하나님께서는 죄를 그냥 지나치지 않으십니다. 우리가 회개하고 돌아오기를 기다리고 계십니다. 회개하고 돌아오면 하나님은 모든 죄를 용서하시고 다시 의롭게 하시고 보호하시고 축복하십니다. 그러므로 별 문제가 생기지 않는다고 죄를 짓는 자리에 그대로 머물러 있으면 안 됩니다. 회개하고 하나님께로 마음을 돌이키시기 바랍니다. 하나님께서 다시 회복시키실 것입니다.

이스라엘 자손들은 하나님 앞에서 죄를 지어 약속의 땅이며 축복의 땅인 가나안을 잃고, 낯선 이방 땅으로 끌려가 온갖 고생을 다 겪었습니다. 그러나 하나님께서는 그들에게 은혜를 베푸셔서 회복의 날을 약속하셨습니다. 다시 가나안 땅으로 돌아와 하나님께서 주시는 복을 누리게 하실 것이라고 말씀하십니다.

이스라엘 자손들의 모습을 보면서 영적인 교훈을 얻으시기 바랍니다. 혹시라도 죄 가운데 살고 있다면, 과거의 삶을 회개하고 하나님을 경외하며 의롭게 사시기 바랍니다. 그러면 하나님께서 회복시켜주실 것입니다. 그리고 땅의 회복의 은총을 통하여서 삶의 터전을 새롭게 하시고 복되게 하실 것입니다. 또한 잃었던 것을 다시 찾게 하실 것이며, 구한 것을 주실 것이며, 막혔던 모든 것들을 열어 주실 것입니다. 우리 모두 이 땅의 축복을 풍성하게 누리시기 바랍니다.

새 창조의 축복 1

땅의 축복

이스라엘 자손들의 죄로 인하여 빼앗겼던 땅을 하나님께서는 다시 되찾게 하실 것이라고 말씀하고 계십니다. 그리고 지켜주시겠다고 약속하십니다. 약속의 땅을 얻어서 하나님의 보호하심을 따라 살아가는 것이 바로 땅의 축복입니다.

1. 조상들의 땅으로 돌아오게 될 이스라엘

하나님의 모든 말씀이 책에 기록된 대로 하나님의 백성 이스라엘과 유다의 포로를 돌아가게 할 회복의 날이 올 것이며, 그들을 그 조상들에게 준 땅으로 돌아오게 할 것이고, 그 땅을 차지하리라고 신실하신 하나님이 약속하셨습니다.

2. 환난에서 야곱을 구하시는 하나님

온갖 죄를 지은 이스라엘은 무서워 떠는 자의 소리를 듣게 되고, 해산하는 여자 같이 겁에 질려 그 얼굴이 새파래지게 되는 심판을 받게 될 것이지만, 하나님은 그들을 계속해서 고통 가운데 방치하지 않고, 환난에서 구하여 내실 것입니다. 그러므로 하나님께 나와 부르짖어 기도하시기 바랍니다.

3. 하나님의 은총과 의로우심

하나님의 진정한 회복에 대해 전파하십니다. 그날에 포로로 잡아간 이방 나라의 압제에서 이스라엘 자손들을 건져내실 것이며, 구원받은 이스라엘을 두렵게 할 자가 없게 할 것이고, 결코 멸망시키지 않으리라 약속하셨습니다.

 이스라엘 자손들의 모습을 보면서 영적인 교훈을 얻으시기 바랍니다.

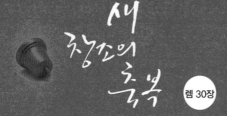

새
창조의
축복 렘 30장

PART 2

치료의
축복

예레미야 30:12-17

치료의 축복

예레미야 30:12-17

●

"야훼께서 이와 같이 말씀하시니라 네 상처는 고칠 수 없고 네 부상은 중하도다 네 송사를 처리할 재판관이 없고 네 상처에는 약도 없고 처방도 없도다 너를 사랑하던 자가 다 너를 잊고 찾지 아니하니 이는 네 악행이 많고 네 죄가 많기 때문에 나는 네 원수가 당할 고난을 네가 받게 하며 잔인한 징계를 내렸도다 너는 어찌하여 네 상처 때문에 부르짖느냐 네 고통이 심하도다 네 악행이 많고 네 죄가 허다하므로 내가 이 일을 너에게 행하였느니라 그러므로 너를 먹는 모든 자는 잡아먹힐 것이며 네 모든 대적은 사로잡혀 갈 것이고 너에게서 탈취해 간 자는 탈취를 당할 것이며 너에게서 노략질한 모든 자는 노략물이 되리라 야훼의 말씀이니라 그들이 쫓겨난 자라 하매 시온을 찾는 자가 없은즉 내가 너의 상처로부터 새 살이 돋아나게 하여 너를 고쳐 주리라"(렘 30:12-17).

두 차례에 걸친 바벨론의 침략으로 많은 유다 사람들이 죽거나 포로로 끌려갔습니다. 그렇지만 그들은 회개하지 않았습니다. 부상은 심각한데 그 상처를 누구도 고쳐줄 수 없게 된 것입니다. 그래서 결국 나라가 망하고, 성전은 파괴되고, 약속의 땅은 빼앗기게 됩니다.

그러나 하나님께서는 불치병에 걸린 이스라엘 자손들을 치료하겠다고 하시고, 상처에서 다시 새 살이 돋아나게 하시겠다고 약속하십니다. 하나님의 사랑 때문입니다.

이스라엘 자손들을 치료하신 하나님께서는 우리의 영혼과 마음과 삶도 고쳐주시기를 원하십니다. 우리를 사랑하시기 때문입니다. 본문을 통해 이 치료의 축복에 대해 살펴볼 때, 우리에게도 이 치료의 축복의 역사가 나타나기를 주님의 이름으로 축원합니다.

1. 유다의 상처(12-13절)

12절에서 하나님께서는 이렇게 말씀하십니다. "네 상처는 고칠 수 없고 네 부상은 중하도다." '상처'와 '부상'은 지금까지 하나님 앞에서 지은 죄로 인하여 받게 된 형벌들을 말합니다. 비슷한 말을 두 번 사용하여 유다의 상황이 얼마나 심각한지 말씀하고 있습니다. 12-13절에는 그 처참함이 세 가지로 표현되고 있습니다.

1) 죄에서 비롯된 중한 부상

이스라엘 자손들이 중한 부상을 입게 된 것은 그들의 죄악 때문입니다. 그들은 하나님의 말씀을 저버리고 우상 섬기는 죄를 지었습니다. 그리고 죄가 그들의 마음을 주장하게 되었습니다. 죄가 마음을 주장하게 되면 일반적으로 다음과 같은 현상이 나타나게 됩니다.

첫 번째는 육체적인 삶을 살게 됩니다. 그래서 하나님을 경외하며 거룩하게 살고 예배를 드리거나 교회에서 봉사하는 것보다는 그저 자신의 배가 부르고 남들보다 더 많이 가지고 있고 더 잘 먹고 잘살며 편안하게 사는 것에만 관심을 갖게 됩니다.

두 번째는 돈을 탐내게 됩니다. 육체적인 삶을 살려면 자연스럽게 돈이 필요하게 됩니다. 그리고 하나님을 경외하지 않으므로 수단과 방법을 가리지 않고 돈을 벌려고 합니다.

세 번째는 권력을 탐하게 됩니다. 그래서 사람들의 인정을 받으려고 동분서주하게 되고 권력을 위해서라면 자신의 신념도 굽히게 되는 것입니다. 그리고 권력을 잡기 위해서라면 속이고 빼앗는 것도 주저하지 않게 됩니다.

죄는 처음에는 작은 것 같지만 서서히 그 영향력을 키워갑니다. 그러므로 혹시라도 죄가 자신의 마음을 주장하려고 하지는 않는지 처음부터 주의해야 합니다.

2) 송사를 처리할 재판관이 없음

그리고 하나님께서는 "네 송사를 처리할 재판관이 없고"(13절

a)라고 말씀하십니다. 재판관이 없다는 것은 바벨론과 유다 사이에 옳고 그름을 분별하며 유다를 보호해줄 나라가 없다는 뜻입니다. 그리고 유다의 처지가 딱하여 도와줄 나라가 없다는 의미이기도 합니다. 바벨론이 가장 강한 나라이기 때문이 아니라 하나님께서 유다를 심판 가운데 두셨기 때문입니다.

그리고 이 구절은 유다의 재판관들이 공정하게 재판하지 않아서 고아와 과부와 빈민들이 억울한 일을 당했던 일들을 떠올리게 합니다. 자신들이 그렇게 약한 사람들의 권리를 보호해 주지 않았기에, 이제 나라가 그러한 처지가 되었을 때 그 어떤 나라도 나서서 바벨론으로부터 보호해 주지 않는 것입니다. 이것이 하나님의 심판이었습니다.

3) 상처에 약이 없음

유다의 송사를 맡아서 처리할 재판관이 없다고 하신 후에 하나님께서는 "네 상처에는 약도 없고 처방도 없도다"(13절b)라고 말씀하십니다. 상황은 너무나 다급하고 위태로운데 이것을 헤쳐 나갈 방법을 도무지 찾을 수 없을 것이라는 뜻입니다.

유다가 점점 죄 가운데 빠져가고 있을 때, 하나님께서는 수많은 선지자들을 보내서서 경고하셨습니다. 그리고 죄가 지나쳐서 심판이 이미 결정된 후에도, 하나님께서는 수많은 선지자들을 보내서서 경고하셨습니다.

그런데 그 경고를 듣고 마음을 돌이키고 회개하는 사람은 거의 없었습니다. 도리어 거짓 선지자들의 말만 들으려 했습니다. 이미 죄가 마음을 지배하고 영적인 분별력이 사라져서 거짓 선지자들의 말이 하나님의 말씀이 아니라는 것도 분별할 수 없게 된 것입니다. 그러면서 위기에서 벗어날 길만 찾으니 이러한 상처에는 약도 없고 처방전도 없게 된 것입니다.

2. 고통으로 부르짖는 유다(14-15절)

유다는 강대국 사이에 껴서 애꿎게 고난을 당하게 된 것도 아니고, 약한 나라들을 보호하다가 고난을 당하게 된 것도 아닙니다. 하나님께서는 이 모든 고난의 원인이 유다의 죄 때문임을 밝히고 있습니다.

1) 아무도 찾지 않음

하나님께서는 "너를 사랑하던 자가 다 너를 잊고 찾지 아니하니"(14절)라고 말씀하십니다. 유다가 번영하고 발전할 때는 여러 나라들이 조공도 바치고 동맹도 맺으려고 했습니다. 무역량도 많았습니다. 그러나 바벨론의 침략으로 나라가 위기에 놓이게 되자 동맹들은 하나 둘씩 등을 돌리기 시작했습니다. 그리고 가장 든든한 동맹이라고 생각했던 애굽마저 이미 바벨론에게 패하고 힘을 잃어 도저히 도와줄 여력이 없었습니다.

어려움을 당하게 되면 우리도 유다와 같은 처지에 놓이게 될 때가 있습니다. 누가복음 15장에는 아버지의 재산을 팔아 먼 나라로 떠난 둘째 아들에 대한 이야기가 나옵니다. 그가 많은 재산을 가지고 있을 때에는 그의 곁에 친구들도 많았고, 어딜 가나 환영을 받았습니다. 그러나 가지고 있던 돈이 다 떨어지자 친구도 다 떨어져 버렸습니다. 그리고 설상가상으로 그 나라에 크게 흉년이 들어 어딜 가나 귀찮은 존재가 되어버렸습니다. 결국 그는 돼지 치는 일을 하면서 쥐엄 열매라도 먹으며 주린 배를 채우려고 했습니다. 그러나 큰 흉년으로 인해 그것마저도 주는 사람이 없게 되었고, 고립무원(孤立無援)하게 되었습니다. 그런데 역설적으로 이렇게 어려운 처지에 놓이게 되자, 자신의 잘못을 반성하고 회개의 길로 들어서게 됩니다.

2) 하나님께 부르짖음

바벨론은 강하고 두려운 적인데, 든든한 동맹군은 모두 등을 돌렸고, 어느 곳 하나 마음 둘 곳 없게 되었습니다. 그러니 그저 고통 가운데 부르짖고만 있을 뿐이었습니다.

그러나 이때 하나님께서는 "너는 어찌하여 네 상처 때문에 부르짖느냐"(15절a)라고 말씀하십니다. "부르짖느냐"는 히브리어로 '티즈아크(תִזְעַק)'인데, '자아크(צָעַק)'가 원형입니다. 이 단어는 큰 고통 속에서 도움을 얻기 위하여 간절히 부르짖는 것을 의미합니다. 그리고 본문은 이 단어를 미완료 시제로 사용하여 유다 사람들이 자신들의 처지에서 벗어나기 위해 계속해서 부르짖고 있음을 보여줍니다.

그러므로 "너는 어찌하여 네 상처 때문에 부르짖느냐"라는 말씀은 지금까지 지었던 수많은 죄 때문에 벌을 받고 있는데 왜 부르짖고 있느냐는 뜻입니다. 어찌 보면 너무나 냉정하게 자신이 잘못해서 받는 벌을 달게 받으라는 말씀처럼 보입니다.

하지만 그 구절 뒤에 나오는 "네 고통이 심하도다 네 악행이 많고 네 죄가 허다하므로 내가 이 일을 너에게 행하였느니라"(15절 b)는 말씀을 통하여 유다는 자신들의 상처가 아니라 잘못을 회개하며 부르짖어야 하는 것을 알 수 있습니다.

3) 하나님께서 내리신 징계

죄에는 반드시 하나님의 심판이 있습니다. 하나님께서 사랑하시는 자녀들이라고 해도 이것은 예외가 없습니다. 오히려 사랑하기에 징계하셔서 다시 돌아오게 하십니다.

역대상 21장에서 다윗은 인구 조사를 명령하는데, 이것 때문에 하나님께 징계를 받게 됩니다. 인구 조사의 목적은 이스라엘의 군인 숫자를 확인하기 위해서였습니다. 하나님의 능력을 의지하고 싸웠던 사람이 이제 인간적인 힘을 신뢰하게 된 것입니다.

그래서 하나님께서는 징계하셨던 것입니다. 하나님께서는 선지자 갓을 보내서서 삼 년 동안 기근이 찾아오는 것과 석 달 동안 적군에게 쫓기는 것과 사흘 동안 전염병이 도는 것 가운데 한 가지를 택하게 하셨습니다. 다윗은 전염병을 택하였고, 7만 명이나 되는 백성이 죽게 되었습니다. 이처럼 하나님께서는 죄를 가벼이 여기지 않으십니다.

하나님께서는 15절에서 유다를 향하여 "네 악행이 많고 네 죄가 허다하므로"라고 말씀합니다. 그 많은 죄가 있기에 하나님께서 유다를 징계하신 것입니다. 그러므로 그들은 자신이 겪고 있는 고통에 대해서만 부르짖을 것이 아니라 자신들의 죄에 대해서 통회하고 자복하며 회개하는 것이 마땅했던 것입니다.

3. 치료하시는 하나님(12-15절)

12-15절은 고통 가운데 있는 유다를 더 큰 고통 속으로 밀어

넣는 것 같은 말씀입니다. 그러다가 16절에서 갑자기 내용이 바뀌게 됩니다. 이는 하나님께서 처음부터 유다를 치료하시고 회복시키실 것을 계획하고 계셨기 때문입니다. 12-15절은 이스라엘 자손들이 자신들의 모습을 바르게 보게 하려는 의도에서 하신 말씀이었던 것입니다. 자신의 절망적인 처지를 바르게 본 사람만이 하나님의 구원에 대해 진정으로 감사하게 되기 때문입니다.

1) 대적들이 사로잡힐 것임

16절은 "그러므로"라는 말로 시작합니다. 앞의 내용을 고려하면 '그러나'가 더 맞을 것 같습니다. 하지만 '누구도 유다를 구해줄 수 없다. 그러므로 이제 내가 구하겠다'라는 의미로 해석하면 "그러므로"라는 단어는 하나님의 긍휼하심을 더 크게 느끼게 합니다.

누구도 유다를 대신하여 싸우지 않습니다. 그리고 누구도 유다를 도와주지 않습니다. 더불어 누구도 유다에 관심을 갖지 않습니다. 그러나 하나님께서 유다에 관심을 가지고 계시고 그들의 부르짖은 소리를 들으십니다. 그러므로 이제 하나님께서 일어나셔서 유다의 대적들을 치실 것입니다. 16절을 보면 "모든"이라는 단어를 4번이나 사용하여 유다를 향한 하나님의 심판이 엄중했다면, 유다의 대적들을 향한 심판은 더욱 엄중할 것임을 나타내고 있습니다.

때로 하나님께서는 사랑하는 자녀의 잘못을 깨닫게 하시기 위하여 인생 채찍을 사용하기도 하십니다. 만약 우리가 인간적인 감정으로 대처하게 된다면 상황은 더 나쁘게 될 것입니다. 그때 하나님 앞에서 자신을 돌아보시기 바랍니다. 그리고 찾아온 갈등을 하나님께 맡기시기 바랍니다. 그러면 공의의 하나님께서는 공의로 모든 상황을 정리하실 것입니다.

2) 아무도 찾는 자 없는 시온

하나님께서는 "야훼의 말씀이니라 그들이 쫓겨난 자라 하매 시온을 찾는 자가 없은즉"(17절a)이라고 말씀하십니다. 주변 나라들이 유다를 향하여 쫓겨난 자라고 조롱하는 것을 하나님이 들으시고 유다를 치료하시겠다고 말씀하고 계시는 것입니다. 하나님께서는 사람들에게 조롱을 당하고 누구에게도 도움을 받지 못하는 처지인 유다 백성들을 긍휼히 여기셨던 것입니다.

이처럼 하나님께서는 사랑하는 자녀들이 조롱을 당하고 돕는 사람도 없는 외로운 처지에 있을 때, 그들을 긍휼히 여기시고 가까이 다가오셔서 위로하시고 도와주십니다. 세상 사람들은 잘 나가고, 무엇인가 얻을 것이 있을 때에만 찾아오지만, 하나님은 그렇지 않습니다. 재산을 다 탕진해 버리고 고립무원한 둘째 아들을 반갑게 맞아주고 모든 것을 회복시켜 준 사람은 바로 그의 아버지였습니다. 하나님께서 바로 우리의 아버지이십니다. 죄로 모든 것을 다 잃어버리고 사람들에게 조롱을 받고 혼자 쓸쓸히 살아가고 있을 때 다가오셔서 도우시며 위로하시고 말벗이 되어 주시는 분이 바로 하나님 아버지이십니다.

그러므로 우리는 어떠한 처지에서도 혼자가 아님을 알아야 합니다. 주변의 모든 사람들이 다 나를 미워하고 따돌리고 관심도 없는 것 같지만, 하나님만은 나를 사랑하셔서 도와주시고 나에게 깊은 관심을 가지고 계시다는 것을 믿으시기 바랍니다. 그리고 나를 사랑하시는 하나님께 더욱 가까이 나아가시기 바랍니다. 그러면 진정한 회복이 시작될 것입니다.

3) 주께서 치료하사 상처를 낫게 할 것임

또한 하나님께서는 "내가 너의 상처로부터 새 살이 돋아나게 하여 너를 고쳐 주리라"(17절b)라고 말씀하십니다. 불치병에 걸려서 죽게 된 유다를 하나님께서 살리셔서 다시 건강한 모습으로 회복시키시겠다고 약속하고 있습니다.

유다 나라는 바벨론의 침략을 받아 많은 사람이 죽고 집들은 폐허가 되었고 농지와 과수원들은 모두 황폐하게 되었습니다. 그리고 많은 유다 백성들이 삶의 터전을 잃고 먼 이국땅에 포로로 끌려와 있었습니다. 아마도 그들은 사랑하는 사람을 잃은 슬픔과 포로로 끌려온 절망 가운데 살고 있었을 것입니다.

그런데 하나님께서 그 모든 상처들을 치료하시겠다고 약속하십니다. 앞에서 살펴본 땅의 축복이 약속의 땅으로 다시 돌아오게 하며 그 땅을 통하여 복을 얻겠다는 약속이었다면, 치료의 축복은 슬픔과 절망으로 상한 마음을 치료하시고 모든 삶을 회복시키시겠다는 약속입니다. 치료의 하나님께서 유다의 모든 상처를 치료하시되 상처로부터 새 살이 돋아나게 하시겠다고 약속하십니다. 이는 평강 가운데 새로운 기쁨과 희망이 자라나게 하시겠다는 약속입니다.

그리고 이 약속은 하나님의 자녀인 우리에게도 주어진 약속입니다. 예수님께서 채찍에 맞으셨기 때문입니다. 그 은혜로 죄와 저주 가운데 병든 육신은 나음을 약속받았고, 상한 마음은 위로를 약속받았습니다. 그리고 깨진 모든 삶은 회복을 약속받았습니다. 눈물도 없고 고통과 탄식도 없는 하나님 나라를 약속받은 것입니다. 그리고 미래에 대한 소망뿐 아니라 현재의 치료도 경험하게 될 것입니다. 부활은 미래에 완전히 새로워지는 것이지만 치료는 현재 얻을 수 있습니다. 상처에서 새 살이 돋아나는 것처럼 말입니다. 하나님 나라의 기쁨과 희망 가운데 살아갈 때, 이 기쁨과 희망은 우리의 현재의 삶을 변화시킬 것입니다. 예수 그리스도의 이름이 모든 악한 세력들을 제압하게 될 것이며, 평강과

의로움을 얻게 될 것입니다. 그리고 예수님의 이름으로 기도하는 것마다 응답을 얻게 될 것입니다.

죄는 우리가 생각하는 것보다 더 심각한 결과를 초래합니다. 하나님께서 우리에게 거룩하게 살라고 하시는 이유는 하나님이 거룩하시므로 그에 합당하게 살라는 뜻도 있지만, 죄가 우리의 삶을 너무나 처참하게 파괴하기 때문입니다.

어쩌면 우리 중에는 과거에 지었던 죄로 인해 고통을 겪고 있는 이들이 있을 수 있습니다. 혹은 다른 사람이 지었던 죄로 인해 함께 어려움을 겪고 있는 이들도 있을 수 있습니다. 그리고 죄가 가득한 세상 가운데 살기 때문에 고통을 겪게 되기도 합니다.

그러나 예수님께서는 이 모든 것에서 우리를 건지십니다. 예수님께서는 어떤 죄든 용서하실 수 있으며, 어떤 상처든 치료하실 수 있습니다. 또한 삶이 어떻게 엉망이 되었든지 깨끗하게 낫게 하실 수 있습니다. 불치병에 걸린 유다를 치료하신 하나님께서는 오늘날도 하나님의 치료의 능력을 의지하고 하나님께 가까이 나아오는 자를 치료하시기 원하십니다. 그러므로 모든 몸과 마음과 삶의 모든 병든 것을 하나님께 가지고 나오시기 바랍니다. 하나님께서 치료하실 것입니다.

치료의 축복

하나님은 불치병에 걸린 이스라엘 자손들을 치료하겠다고 하시고, 상처
에서 다시 새 살이 돋아나게 하시겠다고 약속하십니다. 하나님의 사랑 때
문입니다.

1. 유다의 상처

유다가 하나님 앞에서 지은 죄로 인해 받게 될 형벌이 너무나 심각합니
다. 그 상처는 고칠 수 없고 부상은 중하다고 했으며, 그들의 송사를 처리
할 재판관이 없고, 그 상처에는 치료할 약이나 처방이 없다고 했습니다.
유다의 상황이 이처럼 다급하고 위태로운데 헤쳐 나갈 방법이 전혀 보이
지 않습니다.

2. 고통으로 부르짖는 유다

이 모든 고난의 원인은 유다의 죄 때문이라고 했습니다. 그들이 심한 고
통으로 부르짖어도 아무도 찾지 않으니 하나님께 부르짖을 수밖에 없었
습니다. 이는 그들을 사랑하시기에 징계하셔서라도 다시 자신의 품으로
돌아오게 하시려는 하나님의 계획이었습니다.

3. 치료하시는 하나님

고통 가운데 있는 유다가 부르짖으므로 하나님께서 유다에 관심을 가지고 그 기도를 들으십니다. 그들의 대적들이 사로잡힐 것입니다. 그들을 긍휼히 여기시고 가까이 다가오셔서 위로하시고 도와주실 것입니다. 또 불치병에 걸려서 죽게 된 그들을 살리셔서 다시 건강한 모습으로 치료하시고 회복시키시겠다고 약속하십니다.

 그러므로 모든 몸과 마음과 삶의 모든 병든 것을 하나님께 가지고 나오시기 바랍니다. 하나님께서 치료하실 것입니다.

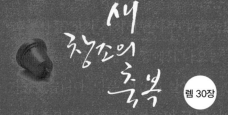

새 창조의 축복

렘 30장

1. 예루살렘의 재건과 회복(18-19절)
2. 너희는 내 백성이요 나는 너희의 하나님(20-22절)
3. 뜻한 바를 이루시는 야훼(23-24절)

PART 3

번성의
축복

예레미야 30:18-24

새 창조의 축복 3 · 렘 30장

번성의 축복

예레미야 30:18-24

●

"야훼께서 말씀하시니라 보라 내가 야곱 장막의 포로들을 돌아오게 할 것이고 그 거처들에 사랑을 베풀 것이라 성읍은 그 폐허가 된 언덕 위에 건축될 것이요 그 보루는 규정에 따라 사람이 살게 되리라 그들에게서 감사하는 소리가 나오고 즐거워하는 자들의 소리가 나오리라 내가 그들을 번성하게 하리니 그들의 수가 줄어들지 아니하겠고 내가 그들을 존귀하게 하리니 그들은 비천하여지지 아니하리라 그의 자손은 예전과 같겠고 그 회중은 내 앞에 굳게 설 것이며 그를 압박하는 모든 사람은 내가 다 벌하리라 그 영도자는 그들 중에서 나올 것이요 그 통치자도 그들 중에서 나오리라 내가 그를 가까이 오게 하리니 그가 내게 가까이 오리라 참으로 담대한 마음으로 내게 가까이 올 자가 누구냐 야훼의 말씀이니라 너희는 내 백성이 되겠고 나는 너희들의 하나님이 되리라 보라 야훼의 노여움이 일어나 폭풍과 회오리 바람처럼 악인의 머리 위에서 회오리칠 것이라 야훼의 진노는 그의 마음의 뜻한 바를 행하여 이루기까지는 돌이키지 아니하나니 너희가 끝날에 그것을 깨달으리라"(렘 30:18-24).

이스라엘 자손들은 전쟁으로 인하여 많은 사람들이 죽었습니다. 그리고 남은 사람들 가운데 대부분이 먼 이국땅에 포로로 끌려가게 되었습니다. 하지만 본문은 그런 처참한 상황에 놓인 이스라엘 자손들에게 번성의 복이 다시 약속되고 있습니다. 하나님의 심판은 이스라엘 자손을 다시 의로운 길로 돌이키게 하시려는 하나님의 징계였던 것입니다.

그리고 이스라엘 자손을 긍휼히 여기신 하나님께서는 우리도 긍휼히 여기십니다. 때로 죄 가운데 넘어져서 고난을 당하지만, 회개하고 돌아오면 하나님께서 다시 번성케 하십니다. 본문을 통해 하나님께서 어떻게 이스라엘 자손을 번성케 하시는지 세 가지로 살펴보도록 하겠습니다.

1. 예루살렘의 재건과 회복(18-19절)

하나님의 구원은 언제든 구체적입니다. 본문에서 하나님은 구체적으로 예루살렘 성을 재건하시고 궁궐을 세우시며 기쁨으로 충만하게 하시며 번성케 하시겠다고 약속하십니다.

그리고 우리를 향한 하나님의 구원도 이렇게 구체적입니다. 하나님께서는 우리의 영혼을 구원하실 뿐만 아니라 죄로 깨진 우리의 인생도 새롭게 하십니다.

1) 포로들을 돌아오게 하여 거처에 사랑을 베푸심

하나님께서는 "야훼께서 말씀하시니라 보라 내가 야곱 장막의 포로들을 돌아오게 할 것이고 그 거처들에 사랑을 베풀 것이라"
(18절a)라고 말씀하십니다. "야곱"은 이스라엘 자손을 뜻합니다.
그리고 그들이 돌아오게 될 곳은 가나안 땅입니다. 하나님께서
이스라엘 자손을 다시 가나안 땅으로 돌아오게 하시고, 그들이
거하는 곳에 사랑을 베푸실 것을 약속하고 계신 것입니다.

　이곳은 한때 심판의 장소였습니다. 바벨론의 침략을 받아 황폐
하게 되고 전쟁에서 죽은 수많은 이스라엘 자손들의 피가 뿌려졌
던 곳이었습니다. 그러나 이곳에 다시 하나님의 사랑과 은혜가
부어지게 될 것입니다. 형벌은 모두 끝났고 하나님의 회복의 역
사가 일어나게 될 것입니다.

　이처럼 하나님의 사랑이 부어지면 그곳이 과거에 어떠한 곳이
었든지 상관없이 달라질 수 있습니다. 하나님의 사랑이 부어지면
온갖 악의 소굴이었던 우리의 마음은 천국으로 바뀌게 됩니다.
그리고 우리가 머무는 곳에 천국이 임하게 됩니다. 이 땅에서 하
나님 나라의 기쁨과 평강을 맛보게 되는 것입니다. 초막이나 궁
궐이나 우리 주 예수님을 모신 그곳이 천국이 되고, 그곳에 하나
님의 사랑이 베풀어지게 될 것입니다.

2) 성읍이 건축되어 사람이 살게 됨

　또한 하나님께서는 "성읍은 그 폐허가 된 언덕 위에 건축될 것

이요 그 보루는 규정에 따라 사람이 살게 되리라"(18절b)라고 말씀하십니다. "성읍"은 예루살렘 성을 의미합니다. 바벨론의 침략으로 멸망하여 완전히 폐허가 된 그곳에 다시 성이 세워지게 될 것입니다. 그리고 "보루"는 성벽 위에 세워져 파수꾼이 정찰을 하는 건축물처럼 보이지만, '높이 올려진 건축물'이라는 원래 의미를 볼 때, 성읍이 건축되고 그 안에 세워지게 될 궁궐로 보는 것이 더 낫습니다. 즉 하나님께서는 이스라엘 자손들이 돌아와서 유목민처럼 떠돌며 지내는 것이 아니라 가나안 땅에 정착하여 그곳에 예루살렘 성을 다시 세우고 궁궐을 짓게 될 것을 약속하고 계시는 것입니다. 그리고 이것은 에스겔 선지자가 본 새 예루살렘의 환상을 연상시키며, 최종적으로는 요한계시록 21장에 나오는 새 예루살렘을 떠올리게 합니다. 하나님께서는 우리가 실제 이스라엘 역사 가운데 성취될 약속을 넘어 다시 오실 만왕의 왕 예수 그리스도와 하나님 나라로 지평을 넓히도록 요청하고 계시는 것입니다.

3) 이스라엘을 번성하고 존귀하게 하심

바벨론의 침공을 받아 정말 많은 사람들이 죽었습니다. 살아남은 사람들은 포로로 끌려가거나 다른 나라로 뿔뿔이 흩어졌습니다. 가나안 땅에 남은 사람들도 그리 많지 않았습니다. 그리고 어느 곳이든 이스라엘 자손들이 머무는 곳에는 슬픔과 애통이 가득했습니다.

그러나 하나님께서는 그들을 다시 돌아오게 하시고, 그들의 입에서 즐거워하는 소리와 감사하는 소리가 나게 하겠다고 약속하십니다. 시편 126편 1-2절은 그들의 기쁨을 다음과 같이 표현하고 있습니다. "야훼께서 시온의 포로를 돌려 보내실 때에 우리는 꿈꾸는 것 같았도다 그 때에 우리 입에는 웃음이 가득하고 우리 혀에는 찬양이 찼었도다 그 때에 뭇 나라 가운데서 말하기를 야훼께서 그들을 위하여 큰 일을 행하셨다 하였도다."

그런데 하나님께서는 번성에 대한 약속도 하십니다. 포로 생활을 끝내고 다시 고국으로 돌아온 것은 정말 기쁜 일입니다. 하지만 시간이 지나 폐허가 된 땅을 일구다 보면 없는 것들만 눈에 보이게 되고 몸도 마음도 지치게 될지도 모릅니다. 그러나 하나님께서 번성케 하시겠다고 약속하십니다. 그리고 존귀하게 하시며 비천하여지지 아니하리라고 약속하십니다.

2. 너희는 내 백성이요 나는 너희의 하나님(20-22절)

18-19절이 예루살렘 성의 재건에 대한 약속이었다면, 20-22

절은 정체성의 회복에 대한 약속입니다. 자신들의 죄 때문에 심판을 받았다고 해도, 나라가 망하고 삶의 터전을 잃어버리게 되면 신앙에 회의가 찾아오게 될 것입니다. 그리고 포로로 잡혀가서 이방인들과 함께 살다보면 민족의 정체성도 흔들리게 될지 모릅니다. 그래서 하나님은 성경을 통하여 미리 회복에 대한 약속을 하셨던 것입니다.

1) 회중들이 야훼 앞에 굳게 설 것임

하나님께서는 "그의 자손은 예전과 같겠고 그 회중은 내 앞에 굳게 설 것이며"(20절)라고 말씀하십니다. 여기 "회중"은 함께 모인 무리를 뜻하는데, 특별히 하나님을 예배하고 그 말씀을 듣기 위해 모인 종교적 회중을 가리킬 때 사용합니다. 더불어 "설 것이며"는 히브리어 원문을 보면 미완료형으로 기록되어, 굳게 선 상태가 지속될 것임을 나타내고 있습니다. 즉, 이 말씀은 이스라엘 자손들이 가나안 땅으로 돌아와서 다시 하나님을 예배하게 될 것이며, 다시 흔들리지 아니하도록 모든 대적을 물리치실 것을 약속하고 계시는 것입니다.

하나님께서 당신의 백성을 삼으셨다는 것은 그 공동체가 하나님을 예배하는 공동체가 되어야 한다는 것을 의미합니다. 그리고 이들이 하나님만 높이며 예배할 때 하나님께서는 그들을 모든 대적에게서 건져주실 것입니다.

성경에 나오는 이스라엘 자손들처럼 우리도 하나님을 예배하기 위하여 부름 받았다는 것을 기억해야 합니다. 그리고 그에 합당하게 살아야 합니다. 그러면 하나님께서 환경과 상황들을 움직이셔서 우리를 굳게 지키실 것입니다.

2) 통치자가 나와서 야훼께로 가까이 감

약속의 땅에 돌아와 다시 성읍들을 재건하고 궁궐을 지어도 다스리는 자가 이방인이라면 포로로 끌려간 삶과 다를 바가 없을 것이고, 그들은 계속해서 이방의 압제 가운데 살게 될 것입니다. 하지만 하나님께서는 "그 영도자는 그들 중에서 나올 것이요 그 통치자도 그들 중에서 나오리라 내가 그를 가까이 오게 하리니 그가 내게 가까이 오리라 참으로 담대한 마음으로 내게 가까이 올 자가 누구냐 야훼의 말씀이니라"(21절)라고 약속하십니다. 하나님께서는 이스라엘 자손들 가운데 지도자가 나오게 하실 것이며, 그는 이전의 왕들과 달리 하나님 앞에서 경건한 삶을 살게 될 것입니다. 물론 이 통치자는 예수님을 가리킵니다. 예수님만이 진정으로 하나님께 담대하게 나아갈 수 있고 인자와 공의로 하나님의 백성을 제대로 다스릴 수 있습니다. 그리고 이 예수님께서 오늘날 우리의 통치자가 되셔서 우리를 다스리십니다.

3) 그들이 하나님의 백성이 됨

또한 하나님께서는 "너희는 내 백성이 되겠고 나는 너희들의 하나님이 되리라"(22절)고 약속하십니다(22절). 하나님의 소유된 백성이 이스라엘 자손의 정체성입니다. 이스라엘 자손이 이스라엘 자손으로 존재할 수 있는 것은 그들이 하나님의 백성으로 살아갈 때뿐입니다. 그들은 하나님의 백성답게 살지 못했기 때문에 나라도 잃고 사랑하는 사람도 잃고 삶의 터전도 빼앗기고 고난을 당했던 것입니다.

그러나 하나님께서는 그들의 회개보다 먼저 그들을 다시 회복시키실 것을 약속하셨고, 하나님과 언약을 맺은 백성으로서의 민족적인 정체성을 회복시키실 것을 약속하셨습니다. 그리고 때가 이르게 되면 이스라엘 자손들이 자신들의 죄를 회개하고 하나님께 돌아오게 될 것을 바라보셨습니다. 그리고 이것은 예수님을 통해 이루어졌습니다. 예수님을 통하여 하나님 나라가 이 땅에 임하였고, 회개하고 예수님을 믿는 자마다 그 나라의 백성이 되게 하셨습니다. 그리하여 성경에 약속된 복들을 유업으로 이어받게 하시고, 천국에 대한 소망 가운데 이 땅을 살게 하신 것입니다.

3. 뜻한 바를 이루시는 야훼(23-24절)

지금까지 하나님께서는 회복에 대해 말씀하셨습니다. 그러다가 갑자기 23-24절에서는 심판에 대해서 언급하십니다. 이것은 이스라엘 자손에 대한 심판과 회복이 모두 하나님의 주권 아래 있음을 깨닫게 합니다. 그리고 이것은 하나님께서 공의로우시며 동시에 긍휼히 여기시는 분이심을 보여줍니다. 더불어 하나님의 백성을 압제하고 온갖 악을 행한 이방 나라들을 반드시 심판하실 것을 확증하고 계시는 것입니다.

1) 폭풍처럼 악인을 회오리 칠 것임

본문은 "보라 야훼의 노여움이 일어나 폭풍과 회오리바람처럼 악인의 머리 위에서 회오리칠 것이라"(23절)라고 말씀합니다. 한 번 폭풍이 불고 회오리바람이 휩쓸고 지나가면 그곳은 모두 산산조각 나게 됩니다. 집들은 무너지고 나무들이 뽑히며 밭의 농작물들은 하나도 성한 것이 없게 됩니다. 그래서 고대인들에게 폭풍과 회오리바람은 두려움과 공포의 대상이었습니다. 성경은 그러한 이미지를 가지고 하나님의 노여움을 설명하고 있습니다. 하나님께서 얼마나 준엄하게 심판하시는지 그 심판이 지나간 곳은 모두 초토화가 되고 마는 것입니다.

그러므로 우리는 예수님을 믿고 의롭게 된 것이 얼마나 감사한지 모릅니다. 만약 예수 그리스도로 말미암는 의가 없었다면 우리는 마지막 날 하나님의 심판을 견디지 못할 것입니다. 그러나 예수님께서 그 피로 우리를 정결케 하시고 의롭게 하셨기에 우리는 아무런 공로가 없으나 의롭게 되었습니다. 그리고 하나님의 심판이 폭풍과 회오리바람처럼 임하게 되어도 우리는 예수 그리스도 안에서 평안을 누리게 될 것입니다.

2) 뜻한 바를 행하여 이루심

그리고 이어서 "야훼의 진노는 그의 마음의 뜻한 바를 행하여 이루기까지는 돌이키지 아니하나니"(24절a)라고 말씀합니다. 23절의 엄청난 심판이 반드시 이루어질 것을 말씀하고 계신 것입니다. 심판이 온전히 이루어지기 전까지는 하나님께서 심판을 돌이키시는 일은 절대로 없을 것입니다. 그리고 선지자들을 통하여 말씀하셨던 이스라엘 자손들을 향한 심판도 그 심판이 온전히 이루어지기까지는 그 계획이 변경되는 일은 절대로 없을 것입니다.

어떤 사람들은 하나님의 공의를 의심하거나 하나님의 존재에 대해서 의심하기도 합니다. 그러나 우리는 이 말씀을 통하여 최후의 심판에 대한 믿음을 갖게 됩니다. 그리고 이 땅에 존재하는 수많은 악을 보며 실망하는 것이 아니라 하나님의 공의가 바르게서는 날을 갈망하게 됩니다. 뜻하신 바를 이루시는 하나님은 성경에 약속하셨기에 반드시 심판하실 것입니다. 그리고 그 날이 우리에게는 구원의 날이 될 것입니다.

그러므로 이 땅을 사는 동안 세상에 가득한 악을 보며 낙심하지 마시기 바랍니다. 적당히 세상과 타협하지 마시기 바랍니다. 의로운 믿음의 싸움을 포기하지 마시기 바랍니다. 하나님께서 심판을 명령하셨다면 반드시 이루어지게 될 것입니다. 중간에 포기하거나 돌이키는 일은 절대 없으실 것입니다.

3) 끝날에 그것을 깨닫게 됨

또한 본문은 "너희가 끝날에 그것을 깨달으리라"(24절b)라고 말씀합니다. 이 말씀은 선지자들이 예언한 것처럼 하나님의 심판이 이루어진 후에야 이스라엘 자손들은 하나님께서 이 모든 것을 하셨다는 것을 깨닫게 될 것이라는 의미입니다. 나라가 망하기 전까지 수많은 참 선지자들이 예언을 했지만 이스라엘 자손들은 깨닫지 못했습니다. 선지자의 말에 귀를 기울이는 사람도 별로 없었고, 회개하는 사람도 없었습니다. 그러나 하나님의 심판이 이루어진 후에는 깨닫게 될 것입니다. 그리고 자신들의 잘못을 뉘우치고 회개하게 될 것입니다.

더불어 이 말씀은 최후의 심판에 대한 경고이기도 합니다. 예수님께서 다시 오셔서 세상을 심판할 때에야 모든 사람들이 하나님의 계획을 제대로 깨닫게 될 것입니다. 그런데 그때가 되었을 때는 이미 기회를 잃어버린 후입니다. 예수님께서 재림하시는 날 이루어질 심판은 최종적으로 의인과 악인을 나누며, 영원한 상급과 영원한 형벌로 나누어지는 날이 될 것이기 때문입니다.

그러므로 우리는 그 날이 오기 전까지 한 영혼이라도 더 예수님께로 돌아오도록 최선을 다해 전도해야 합니다. 심판이 오기 전까지 선지자들이 하나님의 말씀을 전했던 것처럼 우리도 사명감을 가지고 전도의 사명을 감당해야 하는 것입니다. "하나님 앞과 살아 있는 자와 죽은 자를 심판하실 그리스도 예수 앞에서 그가 나타나실 것과 그의 나라를 두고 엄히 명하노니 너는 말씀을 전파하라 때를 얻든지 못 얻든지 항상 힘쓰라 범사에 오래 참음과 가르침으로 경책하며 경계하며 권하라"(딤후 4:1-2).

본문은 다시 번성케 하실 하나님의 약속을 담고 있습니다. 이 말씀은 이스라엘 자손들을 향한 약속입니다. 그러나 동시에 예수님을 믿고 하나님의 백성으로 새롭게 거듭난 그리스도인을 향한 약속이기도 합니다. 그러므로 우리는 하나님께서 약속하신 번성의 축복을 받아 누릴 수 있습니다. 그리고 성경에 약속된 이 복이 우리를 향한 하나님의 계획임을 깨닫고 담대히 구할 수 있습니다.

그렇지만 우리는 이 세상이 전부인 것처럼 살아서는 안 됩니다. 세상의 부요함과 번성만을 추구하다 보면 어느덧 세상으로 다시 돌아가게 되고 반드시 세상과 함께 멸망하게 될 것이기 때문입니다. 우리는 예수님께서 다시 오시면 모든 것을 심판하실 것을 기억하며 살아야 합니다. 그리고 진정한 번성의 축복은 저 천국에서 온전히 이루어지게 된다는 것을 기억해야 합니다. 세상 속에서 살지만 세상에 속하지 않은 것처럼 살아야 하며, 세상의 부요함을 누리지만 천국의 부요함을 추구하며 살아야 하는 것입니다. 그러면 예수님께서 다시 오시는 날에 칭찬받게 되고 영원한 복을 누리게 될 것입니다.

번성의 축복

본문은 처참한 상황에 놓인 이스라엘 자손들에게 번성의 복이 다시 약속되고 있습니다. 이스라엘 자손을 긍휼히 여기신 하나님은 우리도 긍휼히 여기십니다. 때로 죄 가운데 넘어져서 고난을 당하지만, 회개하고 돌아오면 하나님께서 다시 번성케 하십니다.

1. 예루살렘의 재건과 회복

하나님은 구체적으로 예루살렘 성을 재건하시고 궁궐을 세우시며 기쁨으로 충만하게 하시며 번성하게 하시겠다고 약속하십니다. 포로들을 돌아오게 하여 거처에 사랑을 베푸시고, 성읍이 건축되어 사람이 살게 되고, 이스라엘을 번성하고 존귀하게 하실 것이라는 약속입니다.

2. 너희는 내 백성이요 나는 너희의 하나님

유다의 자손들의 정체성의 회복에 대한 하나님의 놀라운 약속입니다. 회중들이 야훼 앞에 굳게 설 것이고, 통치자가 나와서 야훼께로 가까이 가며, 그들이 하나님의 백성이 된다는 하나님의 약속의 말씀입니다.

3. 뜻한 바를 이루시는 야훼

하나님은 공의로우시며 동시에 긍휼히 여기시는 분이심을 보여줍니다.
이방 나라들을 폭풍과 회오리바람처럼 심판하실 것이고, 그 하나님의 진
노는 그의 마음의 뜻한 바를 행하여 이루기까지 돌이키지 않을 것이며,
이 모든 일은 끝날에 깨닫게 된다고 했습니다.

 우리는 예수님께서 다시 오시면 모든 것을 심판하실 것을 기억하며 살아야 합
니다. 그리고 진정한 번성의 축복은 저 천국에서 온전히 이루어지게 된다는 것
을 기억해야 합니다.

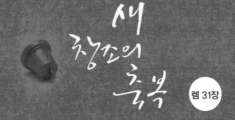

새
창조의
축복 렘 31장

PART 4

열매의
축복

예레미야 31:1-6

열매의 축복

예레미야 31:1-6

"야훼의 말씀이니라 그 때에 내가 이스라엘 모든 종족의 하나님이 되고 그들은 내 백성이 되리라 야훼께서 이같이 말씀하시니라 칼에서 벗어난 백성이 광야에서 은혜를 입었나니 곧 내가 이스라엘로 안식을 얻게 하러 갈 때에라 옛적에 야훼께서 나에게 나타나사 내가 영원한 사랑으로 너를 사랑하기에 인자함으로 너를 이끌었다 하였노라 처녀 이스라엘아 내가 다시 너를 세우리니 네가 세움을 입을 것이요 네가 다시 소고를 들고 즐거워하는 자들과 함께 춤추며 나오리라 네가 다시 사마리아 산들에 포도나무들을 심되 심는 자가 그 열매를 따기 시작하리라 에브라임 산 위에서 파수꾼이 외치는 날이 있을 것이라 이르기를 너희는 일어나라 우리가 시온에 올라가서 우리 하나님 야훼께로 나아가자 하리라"(렘 31:1-6).

앗수르와 바벨론의 연이은 침략으로 북 이스라엘과 남 유다의 국토는 황폐해졌습니다. 이러한 땅을 다시 개간하여 씨앗을 뿌리고 식물을 가꾸며 가축들을 기른다는 것은 정말 어려운 일입니다. 나아가 또 전쟁이 일어날지 모른다는 불안은 그 땅 백성들을 더 힘들게 만듭니다. 간신히 폐허가 된 땅을 다시 일구고 농작물을 가꾸었는데, 또 전쟁이 일어나서 모든 노력이 수포로 돌아가 버린다면 절망할 수밖에 없는 것입니다.

그런 불안 가운데 있는 이스라엘 자손을 하나님께서 안심시키십니다. "네가 다시 사마리아 산들에 포도나무들을 심되 심는 자가 그 열매를 따기 시작하리라"(렘 31:5). 땀 흘리고 애쓴 것들이 수포로 돌아갈까 염려하지 말라는 것입니다. 이 말씀은 심판은 끝났고, 하나님의 회복의 역사가 시작될 터이니 그것을 바라보라는 의미도 담고 있습니다.

본문은 이스라엘 자손을 향한 말씀이지만, 동시에 오늘 예수님을 구주로 영접한 그리스도인들을 향한 약속이기도 합니다. 예수 그리스도 안에서 죄로 인한 저주는 끝났고, 새로운 복이 약속되었기 때문입니다. 그러므로 본문에 기록된 말씀을 하나님의 약속으로 여겨 열매의 축복을 풍성하게 누리게 되시기 바랍니다.

1. 이스라엘 백성이 안식을 얻을 때(1-2절)

본문에 나오는 "안식"은 하나님께서 이스라엘 자손에게 주시는 개인적인 평온함과 국가적인 평화를 의미합니다. 열매의 축복에 전제되는 것은 바로 이 평화입니다. 애써 가꾸어 놓았는데 다른 나라의 침략을 받는다면, 수고했던 모든 것을 다 빼앗기게 되고 허무함만 남게 될 것이기 때문입니다. 그렇다면 하나님께서 이스라엘 자손에게 어떠한 삶을 약속하시는지 살펴보겠습니다.

1) 이스라엘의 모든 지파를 회복시키심

하나님께서는 "야훼의 말씀이니라 그 때에 내가 이스라엘 모든 종족의 하나님이 되고 그들은 내 백성이 되리라"(1절)고 말씀하십니다. "이스라엘 모든 종족의 하나님"이 되시겠다는 것입니다. 이 말씀은 하나님께서 선택하신 이스라엘의 지파들 가운데 어느 하나도 빼놓지 않고 구원하시겠다는 의미입니다. 바벨론에 의해 멸망당한 남왕국 유다에 속한 지파들뿐 아니라, 주전 722년, 앗수르에 의해 멸망당한 북왕국 이스라엘의 지파들도 구원하시겠다는 것입니다.

당대 사람들은 이미 오래 전에 망한 이스라엘이라는 나라를 기억하지도 않고, 그 백성들이 어디로 가서 어떤 삶을 살고 있는지 별로 관심도 없었을 것입니다. 하지만 하나님은 그렇지 않습니다. 하나님께서는 유다의 백성들만 회복시키시는 것이 아니라 이스라엘의 백성들도 회복시키려 하시는 것입니다.

2) 광야에서 은혜를 베푸심

회복에 대한 약속은 이어집니다. "야훼께서 이같이 말씀하시

니라 칼에서 벗어난 백성이 광야에서 은혜를 입었나니"(2절a)라
고 말씀하십니다. 여기서 "칼에서 벗어난 백성"이란 앗수르와 바
벨론의 병사들의 칼에 죽는 것은 겨우 면했지만 먼 이방 땅에 포
로로 끌려간 사람들을 말합니다.

그런데 본문은 그들이 "광야에서 은혜를 입었나니"라고 말씀
하고 있습니다. 출애굽을 경험했던 이스라엘 자손에게 광야는 하
나님의 직접적인 인도와 보호, 그리고 공급하심을 경험했던 곳입
니다. 이 말씀은 포로로 잡혀갔던 이스라엘 자손이 다시 가나안
땅으로 돌아올 때, 그들의 조상들이 경험했던 하나님의 인도하심
을 경험하게 될 것임을 의미하는 것입니다.

3) 이스라엘로 안식을 얻게 하러 갈 것임

그런데 그 다음에 이어지는 말씀을 보면 하나님의 긍휼이 더
크게 드러나고 있습니다. "곧 내가 이스라엘로 안식을 얻게 하러
갈 때에라"(2절b). 포로 된 땅에서 돌아오는 이스라엘을 맞이하
러 나가는 하나님의 모습이 그곳에 나타나고 있는 것입니다.

하나님께 돌아오지 못할 죄인은 한 사람도 없습니다. 누구든
자신의 죄를 회개하고 예수 그리스도의 보혈의 공로를 의지하면
하나님께로 나올 수 있습니다. 이미 2천여 년 전에 예수님께서는
인류가 하나님께로 돌아올 수 있는 길을 열어놓으셨습니다. 광야

에 길을 내시고 포로들이 돌아올 수 있는 길을 만드신 하나님께서는 예수님을 통하여 하나님을 떠난 모든 죄인이 돌아올 수 있는 길을 만드셨습니다. 누구든지 구원의 복된 소식을 듣고 돌아오기만 하면 되는 것입니다. 죄악 된 자리에서 한 걸음만 떼십시오. 그러면 하나님께서 이미 나를 맞이하기 위하여 달려오고 계심을 발견하게 될 것입니다.

2. 하나님의 사랑과 이스라엘의 회복(3-4절)

이스라엘 자손에게 평강이 사라진 이유는 그들이 계속해서 악을 행했기 때문입니다. 그들은 살아계시고 전능하신 하나님을 목전에 두고 계속해서 헛된 우상들을 추구했습니다. 또한 그들은 하나님의 공의가 율법에 분명하게 명시되어 있는데도 마치 율법을 모르는 사람들처럼 마음의 탐심을 따라 살았습니다. 그렇게 악한 삶을 살았던 이스라엘 자손이지만 하나님께서는 그들을 버리지 않으셨습니다. 하나님께서 그들을 사랑하셨기 때문입니다. 3-4절에는 이스라엘을 향한 하나님의 사랑이 잘 드러나 있습니다.

1) 영원한 사랑으로 이스라엘을 이끄셨음

본문 3절에서 "옛적에 야훼께서 나에게 나타나사 내가 영원한 사랑으로 너를 사랑하기에 인자함으로 너를 이끌었다 하였노라"고 말씀합니다. 이 말씀은 오래 전 출애굽 사건을 떠올리게 합니다. 그때 하나님께서 이스라엘 자손을 애굽의 압제에서 건지신 것은 그들을 사랑하셨기 때문이라고 말씀하고 있습니다.

또한 본문은 그러한 하나님의 사랑이 "영원한 사랑"(3절)이라고 말씀합니다. 이것은 이스라엘 민족의 조건이나 상태에 관계없이 계속해서 베풀어지는 하나님의 일방적인 사랑임을 의미합니다. 우리는 이것을 '은혜'라는 단어로 표현합니다. 받을 자격이 없는 자에게 주어지는 분에 넘치는 사랑인 것입니다.

그리고 하나님께서는 "인자함으로 너를 이끌었다"라고 말씀하십니다. 여기에 나오는 인자함은 하나님의 신실함에서 비롯되는 변함없는 사랑을 의미합니다. 신실함은 하나님의 성품으로, 하나님께서 이스라엘 민족을 선택하시고 사랑하셨기에 당신의 성품에 합당하게 신실하게 사랑하시는 것입니다.

2) 처녀 이스라엘을 다시 세울 것임

그리고 하나님께서는 "처녀 이스라엘아 내가 다시 너를 세우리니 네가 세움을 입을 것이요"(4절a)라고 말씀하십니다. 하나님께서 이스라엘을 향하여 "처녀 이스라엘"이라고 말씀하십니다. 비유컨대, 이스라엘은 온갖 우상숭배로 간음한 여인과 같았습니다. 하지만 하나님은 그런 이스라엘을 "처녀 이스라엘"이라고 부르십니다. 이는 그들의 모든 죄를 깨끗하게 하시고 과거를 모두 지우셨기 때문입니다.

하나님께서는 이스라엘 민족을 다시 세우시겠다고 말씀하시며, 이미 그들의 모든 죄를 정결케 하시고 새롭게 하셨다는 것을 깨닫게 하십니다. 그러므로 이제 안심하고 약속의 땅으로 돌아와 다시 성벽을 세우고 집들을 건축하고 삶의 터전을 일구어도 된다는 것입니다.

우리는 허물과 죄로 죽었던 존재였습니다. 그러나 예수님께서 십자가에서 흘리신 피는 우리의 모든 죄를 하나도 남김없이 다 지우시고 깨끗케 했습니다. 그러므로 이제 우리는 죄책감 가운데 살지 않으며, 형벌에 대한 두려움 가운데 살지 않습니다. 도리어 하나님께서 이 땅에서 누리게 하신 것을 감사함으로 누리며 천국을 소망하며 살게 됩니다.

3) 즐거워하는 자들과 춤추며 나올 것임

이어서 하나님께서는 "네가 다시 소고를 들고 즐거워하는 자들과 함께 춤추며 나오리라"(4절b)고 말씀하십니다. 이러한 모습은 기쁠 때 나타납니다. 전쟁으로 사랑하는 사람들을 잃고 삶의 터전을 빼앗기고 먼 나라에 강제로 이주해 온 사람들에게서는 절대로 찾아볼 수 없는 모습입니다. 그들은 슬픔과 탄식 가운데 있기 때문입니다(시 137:1-6).

그런데 하나님께서는 이제 이스라엘 민족을 회복시키셔서 이와 같은 모습으로 기뻐하게 하시겠다고 약속하고 계십니다. 우리는 여기서 슬픔과 탄식을 모두 사라지게 하시고 기쁨으로 채우시는 하나님의 은혜를 발견하게 됩니다. 이 말씀은 이스라엘 자손에게만 약속된 말씀이 아니라 오늘날도 얼마든지 유효한 약속입니다. 하나님께서는 예수님을 구주로 영접한 사람마다 이러한 기쁨을 얻게 하십니다. 모든 죄가 용서 받고 하나님을 아버지로 모시고 천국을 약속받았으니 기쁘지 않을 수 없는 것입니다.

3. 열매를 따고 야훼께로 나아가는 이스라엘(5-6절)

본문 1-4절이 하나님께서 주시는 평안과 그것을 가능케 하는 사랑에 대해서 말씀했다면, 5-6절은 회복의 결과로 주어지는 삶을 약속합니다. 하나님께서 이스라엘 자손을 회복시키셨기에 생활과 예배의 회복이 주어지는 것을 볼 수 있습니다. 우리는 종종 우리가 수고한 것에 대해 소득을 얻는 것을 당연한 것처럼 생각하고, 또 매주일 예배드리러 나오는 것이 얼마나 감사한 일인지 잊고 살 때가 많습니다. 하지만 본문을 보면 수고의 열매를 거둘 수 있다는 것은 절대로 당연한 일이 아니며, 또 하나님께 예배드리러 나오는 것이 얼마나 감사한 일인지 새삼 깨닫게 됩니다.

1) 포도나무를 심는 자가 열매를 따기 시작함

하나님께서는 5절에서 "네가 다시 사마리아 산들에 포도나무들을 심되 심는 자가 그 열매를 따기 시작하리라"라고 말씀하십니다. 사마리아는 북 이스라엘의 수도로서 완만한 구릉지대에 비옥한 토양을 가지고 있었습니다. 그러나 앗수르의 침략으로 그곳은 황폐하게 되어버렸습니다. 그런데 하나님께서는 그 빼앗긴 땅을 다시 회복시켜 주시고 그곳에서 삶의 터전을 일구고 살게 하시겠다고 약속하시는 것입니다.

그리고 하나님께서는 "심는 자가 그 열매를 따기 시작하리라"(5절b)고 약속하십니다. 율법에 의하면 새로운 농지에서 수확한 열매는 3년간 먹을 수 없었고, 4년째에 나오는 열매는 오직 하나님께 드려야 했습니다. 즉, 5년째에야 심은 포도나무의 열매를 거두어서 먹을 수 있었습니다. 그러므로 우리는 하나님께서 이스라엘 자손들에게 더 이상 약탈을 당할까 두려워하지 않고 오랜 세월 평화가 지속될 것을 약속하고 계시다는 것을 알 수 있습니다.

심으면 거두는 것이 너무나 당연하다고 생각할지 모르지만, 아무리 땀 흘려 수고해도 한순간에 모두 불타버릴 수 있습니다. 그러나 하나님께서는 이스라엘 자손을 지키셔서 이방 민족의 침략으로부터 보호하실 것입니다. 그리고 그들이 수고한 것에 대해서 풍성한 열매를 얻게 하실 것입니다.

이처럼 하나님께서 축복하시면 수고가 헛되지 아니하고 풍성한 결과를 얻게 됩니다. 이러한 삶은 다른 것에 있지 않고 먼저 예배로 하나님을 기쁘시게 하는 삶에 주어집니다. 그러므로 예배를 통해 하나님께 복 받는 삶을 살게 되시기 바랍니다.

2) 파수꾼의 외침

일반적으로 파수꾼은 적의 침략을 미리 알리는 일을 하는 사람을 가리킵니다. 그런데 본문을 보면 이들은 적군의 침략을 경고하기 위하여 외치지 않습니다. 그들은 "너희는 일어나라 우리가 시온에 올라가서 우리 하나님 야훼께로 나아가자"(6절b)고 외칩니다.

본문에 나오는 "파수꾼"은 히브리어로 '노체림(נֹצְרִים)'인데, 이 말은 어떤 것을 주의 깊게 지키거나 감시한다는 의미를 가진 '나차르(נָצַר)'라는 동사에서 나왔습니다. 오래 전 나라가 망할 때

북 이스라엘의 파수꾼들은 앗수르의 군사들을 보고 두려움에 떨었을 것입니다. 그런데 이제 그들에게 새로운 역할이 주어졌습니다. 새로이 평화의 시대가 열려 적의 침략이 아니라 하나님께 예배드리자고 알리는 역할을 하게 된다는 것입니다. 그들은 절기가 오는 것을 주의 깊게 살펴서 드디어 하나님께 예배드릴 때가 되었다고 외치는 자들이 된 것입니다. 하나님의 회복의 때에 이스라엘 자손이 예배에 신실한 자들로 변화될 것임을 약속하고 있는 것입니다.

3) 시온에 올라 야훼께로 나아갈 것임

하나님께서 이스라엘을 회복시키시면 심은 것을 풍성하게 거두게 되는 열매의 축복뿐 아니라 예배도 회복될 것입니다. 진정한 복은 외적 풍요가 아니라 내적 신앙에서 시작되는 것입니다. 그래서 하나님께서는 회복의 말씀을 하실 때 예배의 회복에 대한 말씀도 함께 하셨던 것입니다.

"우리가 시온에 올라가서 우리 하나님 야훼께로 나아가자"(6절b)는 말씀은 다시 절기가 제대로 지켜지는 것을 의미합니다. 회복의 때가 되면 이스라엘 자손은 남과 북의 나뉨도 사라지고 모두가 하나님 한 분을 예배하게 될 것입니다. 그리고 절기에 따라 자유롭게 예루살렘에 가서 하나님을 찬양하며 제사 드리게 될 것입니다.

또한 이 말씀은 예루살렘에 다시 성전이 세워질 것임을 의미합니다. 예루살렘 성전은 바벨론의 침략을 받아 무너졌습니다. 하지만 본문은 성전이 재건되고, 백성들이 절기를 따라 성전으로 올라가 예배드리게 될 것을 전제합니다. 실제로 주전 515(6)년에 예루살렘 성전은 다시 세워지고 포로 귀환 공동체는 즐거움으로 절기를 지키게 됩니다(스 6:19-22).

포로로 잡혀간 땅에서는 절기를 지키려고 해도 제대로 지킬 수 없었습니다. 나라가 망하기 전에는 내가 지키고 싶을 때에나 지키는 절기 같았고, 내가 가고 싶을 때에나 가는 성전 같았을지 모릅니다. 하지만 성전이 파괴되고, 모든 절기를 지키기 어려운 상황이 되자 그때에서야 자신들이 얼마나 큰 은혜 가운데 살고 있었는지 깨닫게 되는 것입니다. 그러므로 우리는 지금 우리의 예배드리는 기회를 귀하게 여기고, 그 시간에 최선을 다하여 하나님을 기쁘시게 해야 합니다.

예레미야 31장 1-6절을 통해 열매의 축복에 대해 살펴보았습니다. 열매의 축복은 먼저 평안한 삶이 전제되어야 합니다. 그리고 이 평안한 삶은 하나님의 사랑에서 비롯됩니다. 이렇게 하나님의 사랑 안에서 평안한 삶이 주어졌을 때, 비로소 자신이 수고한 것의 열매를 풍성히 거두게 되는 것입니다. 나아가 풍성한 삶을 누리는 것으로 만족하는 삶이 아니라 하나님을 기쁘시게 하는 예배를 드리는 삶으로 변화될 것입니다.

이스라엘 자손들은 나라가 망하기 전에는 이것을 올바로 깨닫지 못했을 것입니다. 그러므로 더 풍성한 삶을 위하여 우상들을 섬겼고, 하나님께 예배드리는 것을 등한히 여겼던 것입니다. 그러나 나라가 망하고 모든 것을 빼앗긴 후에야 그들은 하나님을 예배하는 삶의 소중함과 그 안에서 얻어지는 풍성한 열매를 깨닫게 되었습니다. 본문은 그에 대한 약속입니다. 비록 지금은 포로된 땅에서 슬픔과 탄식 가운데 살지만 하나님께서 이스라엘 민족을 다시 회복시키셔서 예배의 삶과 풍성한 삶을 얻게 하시겠다는 약속을 하고 계시는 것입니다.

지금 예배의 기회가 주어졌을 때 정성껏 예배드리시기 바랍니다. 최선을 다하여 하나님을 기쁘시게 하시기 바랍니다. 그리고 삶의 터전에서도 정직하고 성실하게 수고하시기 바랍니다. 하나님께서 수고한 것을 절대로 헛되지 않게 하실 것입니다. 그리고 허무한 인생으로 끝나지 않게 하실 것입니다. 하나님께서 열매의 축복을 주셔서 뿌린 것마다 풍성하게 거두게 하실 것이며, 예배의 자리에 나올 때마다 풍성한 기쁨으로 채워주실 것입니다.

열매의 축복

불안 가운데 있는 이스라엘 자손을 하나님이 안심시키십니다. 땀 흘리고
애쓴 것들이 수포로 돌아갈까 염려하지 말라는 것입니다. 이 말씀은 심판
은 끝났고, 하나님의 회복의 역사가 시작될 터이니 그것을 바라보라는 의
미도 담고 있습니다.

1. 이스라엘 백성이 안식을 얻을 때

하나님께서 이스라엘 자손에게 안식을 주십니다. 이스라엘의 모든 지파
를 회복시키시고, 이방 나라에 포로로 끌려간 백성들에게 은혜를 베푸시
고, 하나님께서 친히 이스라엘로 안식을 얻게 하러 갈 것이라고 약속하셨
습니다.

2. 하나님의 사랑과 이스라엘의 회복

우상숭배와 온갖 죄악으로 인해 멸망하게 될 이스라엘이지만, 하나님께
서는 그들을 버리지 않으셨습니다. 영원한 사랑으로 이스라엘을 이끄셨
고, 처녀 이스라엘을 다시 세우리라 하셨고, 즐거워하는 자들과 춤추며
나올 것이라고 이스라엘의 회복을 약속하셨습니다.

3. 열매를 따고 야훼께로 나아가는 이스라엘

하나님께서 이렇게 이스라엘 자손을 회복시키셨기에 생활과 예배의 회복이 있음을 보게 됩니다. 포도나무를 심은 자가 그 열매를 따기 시작하고, 파수꾼은 하나님께 예배드리자고 알리는 역할을 하고, 하나님께 예배드리는 회복이 있게 된다고 약속하셨습니다.

 지금 예배의 기회가 주어졌을 때 정성껏 예배드리고, 최선을 다하여 하나님을 기쁘시게 하시기 바랍니다. 하나님께서 열매의 축복을 주셔서 뿌린 것마다 풍성하게 거두게 하실 것이며, 예배의 자리에 나올 때마다 풍성한 기쁨으로 채워주실 것입니다.

새
창조의
축복 렘 31장

PART 5

물가의
축복

예레미야 31:7-9

물가의 축복

예레미야 31:7-9

"야훼께서 이와 같이 말씀하시니라 너희는 여러 민족의 앞에 서서 야곱을 위하여 기뻐 외치라 너희는 전파하며 찬양하며 말하라 야훼여 주의 백성 이스라엘의 남은 자를 구원하소서 하라 보라 나는 그들을 북쪽 땅에서 인도하며 땅 끝에서부터 모으리라 그들 중에는 맹인과 다리 저는 사람과 잉태한 여인과 해산하는 여인이 함께 있으며 큰 무리를 이루어 이 곳으로 돌아오리라 그들이 울며 돌아오리니 나의 인도함을 받고 간구할 때에 내가 그들을 넘어지지 아니하고 물 있는 계곡의 곧은 길로 가게 하리라 나는 이스라엘의 아버지요 에브라임은 나의 장자니라"(렘 31:7-9).

부모라면 누구나 자녀에 대한 소망을 가지고 있습니다. 분명 자신의 자녀가 훌륭하게 자라기를 바랄 것입니다. 그러나 혹시라도 자녀가 자신의 기대대로 성장하지 않는다고 해도 부모는 자녀를 포기하지 않습니다. 그것이 부모의 마음입니다. 그리고 설령 부모가 자녀를 포기하는 경우가 있다고 해도, 하나님께서는 우리를 절대로 포기하시지 않을 것입니다. "내 부모는 나를 버렸으나 야훼는 나를 영접하시리이다"(시 27:10).

본문에 나오는 이스라엘 자손은 과거에 하나님을 실망시키고, 스스로 멸망의 길을 걸어갔습니다. 하지만 하나님께서는 이스라엘 자손을 포기하지 않으셨습니다. 본문에서 하나님께서는 이스라엘 자손들이 포로로 잡혀간 땅에서 다시 돌아오게 하시겠다고 약속하십니다. 그리고 그 길을 인도하시되 물 있는 계곡의 곧은 길로 걷게 하시겠다고 약속하십니다. 이스라엘 자손들은 포로 생활을 마치고 광야의 길을 걸어서 가나안 땅으로 다시 돌아오게 될 것입니다. 만약 하나님의 도움이 없다면 그들은 큰 어려움을 겪게 될 것이고, 목적지에 도달하게 될 것도 분명하지 않습니다. 그러나 하나님께서 그들을 인도하시기에 어려움 없이 약속의 땅으로 돌아오게 될 것입니다.

이스라엘 백성이 광야를 지나 약속의 땅 가나안으로 들어가듯, 우리는 험한 인생길을 걸어 약속의 땅 천국에 들어가게 될 것입니다. 만약 하나님께서 우리를 물 있는 계곡의 곧은 길로 인도해 주지 않으시면, 우리는 이 땅에서 매우 고단한 삶을 살 수밖에 없을 것입니다. 그리고 목적지에 도달하지 못하게 될 것입니다. 그러므로 인생길을 사는 동안 하나님의 인도하심과 은혜는 필수입니다. 본문을 통해 은혜 받으시고 하나님께로부터 물가의 축복을 받아 천국 가는 여정을 완주하시기 바랍니다.

1. 남은 자의 구원을 위한 기도(7절)

하나님은 선하십니다. 그리고 선하신 하나님께서는 당신의 백성을 향하여 선한 목적을 가지고 계십니다. 그런데 하나님의 선하신 뜻을 깨닫고 순종하기 위해서는 기도가 필요합니다. 기도하지 않으면 하나님의 선하신 뜻을 바르게 이해하지 못하고 잘못 판단하여 넘어지거나 시험에 들 수 있습니다. 그리고 하나님의 말씀에 순종하기 어렵습니다. 그러므로 우리는 늘 기도해야 합니다. 우리 자신을 위해서도 기도해야 하고, 사랑하는 가족들이나 함께 신앙생활 하는 형제자매들을 위해서도 기도해야 합니다. 그리고 무엇보다 하나님을 떠나 세상에서 방황하는 영혼들을 위하여 기도해야 합니다.

1) 이스라엘의 남은 자

본문에 나오는 "이스라엘의 남은 자"(7절b)는 포로로 끌려간 사람들과 여러 나라로 흩어진 사람들, 그리고 폐허가 된 가나안 땅에 남아 있는 사람들을 의미합니다. 아마도 이들은 대체로 궁핍하고 어려운 환경 속에서 살고 있었을 것입니다. 하지만 이들은 하나님께서 특별히 남겨 놓으신 사람들입니다. 하나님께서는 모든 이스라엘 자손들을 다 멸하시지 않고 그들 중에 다시 유업을 잇게 될 사람들을 남겨 놓으셨던 것입니다. "야훼께서 이와 같이 말씀하시되 포도송이에는 즙이 있으므로 사람들이 말하기를 그것을 상하지 말라 거기 복이 있느니라 하나니 나도 내 종들을 위하여 그와 같이 행하여 다 멸하지 아니하고 내가 야곱에게서 씨를 내며 유다에게서 나의 산들을 기업으로 얻을 자를 내리니 내가 택한 자가 이를 기업으로 얻을 것이요 나의 종들이 거기에 살 것이라"(사 65: 8-9).

비록 지금은 힘든 환경을 겨우 버티며 살고 있지만, 하나님께서는 그들을 구원하셔서 그들의 조상들에게 약속하셨던 기업을 얻게 하실 것입니다. 그들은 자신들에 대해서 생각할 때 죽지 못해서 사는 사람들이 아니라 하나님께서 특별히 선택한 하나님의 사람들인 것을 기억해야 합니다.

2) 구원을 전파하며 기뻐 외치라 명령하심

힘든 상황 속에서 살고 있는 이스라엘의 남은 자들에게 소망은 오직 하나님의 구원뿐입니다. 하나님께서 그들을 구원하실 때에야 비로소 그들은 진정한 평화를 누릴 수 있는 것입니다. 그 날이 오면 이스라엘 자손은 기뻐 외치며 그 소식을 전파하며 찬양하게 될 것입니다: "너희는 여러 민족의 앞에 서서 야곱을 위하여 기뻐 외치라 너희는 전파하며 찬양하며 말하라"(7절).

우리는 이미 구원 받은 사람들입니다. 그러므로 당연히 우리가 받은 구원의 은혜를 기뻐하며 찬양해야 합니다. 하지만 종종 구원의 은혜를 잊어버리고 습관처럼 신앙생활을 할 때가 있습니다. 그러한 상황에서 전도를 한다면 세상 사람들은 우리를 신뢰하지 않을 것입니다. 우리도 세상 사람들과 다를 바 없이 세상일에 얽매여서 고민하고 방황하고 슬퍼하고 있기 때문입니다. 비록 이세상이 어둡고 힘들더라도 우리에게는 천국에 대한 소망이 있기에 세상 사람들과 다른 자세로 사는 모습을 보여주어야 합니다. 다시 돌아갈 집이 있고, 천국의 상급이 약속되어 있기에 기쁨으로 찬양하며 살 수 있어야 하는 것입니다. 그리고 이것은 하나님의 명령이기도 합니다: "항상 기뻐하라 쉬지 말고 기도하라 범사에 감사하라 이것이 그리스도 예수 안에서 너희를 향하신 하나님의 뜻이니라" (살전 5:16-18).

3) 남은 자의 구원을 위해 기도를 명령하심

하나님께서는 구원을 기뻐하며 찬양하라고 명령하시는 한편, "야훼여 주의 백성 이스라엘의 남은 자를 구원하소서" (7절b)라고 기도하라고 말씀하십니다. 이는 아직 하나님의 구원을 온전히 경험하지 못하고 있는 사람들이 있기 때문입니다. 이스라엘 역사를 보면 포로 귀환은 단번에 이루어진 것이 아닙니다. 그들은 몇 차례에 걸쳐서 약속의 땅으로 돌아왔습니다. 회복은 오랜 시간에 걸쳐서 이루어졌으며, 당시에 이루어지지 않은 약속들도 있었습니다.

그리고 이것은 우리에게도 동일합니다. 우리는 이미 구원받았습니다. 하지만 우리를 향한 하나님의 약속이 다 이루어진 것은 아닙니다. 예수님께서 이 땅에 다시 오실 때에야 비로소 우리는 약속의 성취를 보게 될 것입니다. 그러므로 그 날이 오기 전까지 우리는 기도로 깨어 있어야 합니다. 그리고 그 기도가 우리를 악한 마귀의 시험과 세상의 유혹으로부터 지켜줄 것입니다.

2. 주의 인도를 받고 돌아올 백성(8절)

나라가 망하자 사람들은 뿔뿔이 흩어졌습니다. 많은 사람들이 포로로 잡혀갔지만, 애굽을 비롯한 주변 나라로 도망을 간 사람들도 많았습니다. 그들은 분명 낯선 땅에서 정착하는데 많은 어려움을 겪었을 것입니다.

일본에 나라를 잃고 다른 나라로 망명을 가서 온갖 고난과 수모를 겪었던 분들을 떠올려보면 그들의 상황이 조금은 이해가 되실 것입니다. 나라 잃은 백성은 어디를 가나 환영 받지 못합니다. 그리고 말도 제대로 통하지 않는 낯선 땅에 정착해야 합니다. 그들은 법적인 보호도 제대로 받지 못했을 것이며, 차별도 많이 겪었을 것입니다.

그래서 그들은 날마다 자신의 나라가 다시 세워지고 원래 살던 곳으로 돌아가는 것을 소망했을 것입니다. 그리고 하나님께서는 이스라엘 자손을 그들의 고토로 다시 돌아오게 하셨고 그 모든 길을 인도하셨습니다. 8절은 그들이 돌아오는 모습을 감격스럽게 묘사하고 있습니다.

1) 주께서 백성을 땅 끝에서부터 모으심

하나님께서는 "보라 나는 그들을 북쪽 땅에서 인도하며 땅 끝에서부터 모으리라"(8절a)라고 말씀하십니다. 여기에서 "북쪽 땅"은 이스라엘 자손들이 포로로 끌려가 살던 땅을 말합니다. 그리고 "땅 끝"은 "북쪽 땅"을 다른 표현으로 말한 것으로, 장소적으로 멀리 떨어진 곳으로 끌려갔기에 이스라엘 자손들이 스스로의 힘으로는 다시 돌아오기 힘든 곳임을 나타냅니다.

그러나 하나님께서는 그러한 어려운 상황에 개의치 않으십니다. 하나님께서 돌아오게 하시겠다고 계획하시면 그곳이 "땅 끝"이라고 하더라도 아무런 문제가 되지 않으며, 어떤 강한 나라가 포로들을 사로잡고 있다고 해도 문제가 되지 않는 것입니다.

이 말씀은 우리가 받은 구원을 상기시켜 줍니다. 이스라엘 자손들이 자력으로 약속의 땅으로 돌아올 수 없었듯이, 우리는 우리 스스로의 힘으로는 하나님께 돌아올 수 없었습니다. 예수님께서 길이 되셨기에, 그 길을 통하여 우리는 하나님께 돌아올 수 있는 것입니다.

2) 맹인과 다리 저는 사람과 잉태한 여인과 해산하는 여인이 돌아올 것임

또한 하나님께서는 "그들 중에는 맹인과 다리 저는 사람과 잉태한 여인과 해산하는 여인이 함께 있으며"(8절b)라고 말씀하십니다. 이들은 모두 혼자서는 거동이 불편하거나 불가능한 사람들입니다. 게다가 가까운 곳을 이동하는 것도 아니고 교통이 편리한 것도 아닙니다. 험한 광야 길을 걸어야 하는 긴 여정이었습니다. 그런데 하나님께서는 그들도 돌아오게 하시겠다고 말씀하십니다.

이 말씀은 하나님께서 다시 돌아오는 길을 인도하시기 때문에 귀환이 불가능에 가까운 이들도 돌아올 수 있다는 의미입니다. '이러한 사람들도 돌아오게 하는데, 돌아오지 못할 사람이 있겠느냐?' 라는 의미를 담고 있는 것입니다.

또한 이 말씀은 하나님께서 연약한 자들에게 깊은 관심을 가지고 계심을 보여줍니다. 사실 8절에 나오는 사람들은 나라를 재건하는데 그리 도움이 되지 않는 사람들처럼 여겨질 수 있습니다. 오히려 귀환의 여정을 더디게 하고 주변 사람들에게 부담을 주는

사람들처럼 생각될 수도 있습니다. 그러나 하나님께서는 그러한 사람들에게 관심을 가지고 계시고, 그들 가운데 한 사람도 포기하지 않으시고 돌아오게 하시겠다고 말씀하십니다. 사람들은 포기할지 모르지만, 하나님께서는 포기하지 않으시는 것입니다.

3) 큰 무리를 이루어 돌아올 것임

그리고 하나님께서는 "큰 무리를 이루어 이 곳으로 돌아오리라"(8절c)고 말씀하십니다. 소수의 사람들이 다시 돌아오는 것은 인간적으로 봐도 불가능한 일은 아닙니다. 그러나 포로로 잡혀갔던 민족이 대거 돌아온다는 것은 불가능에 가까운 일입니다. 포로로 잡아간 나라가 그러한 일을 할 리도 없고, 돌아오는 것도 험난한 일이기 때문입니다. 이스라엘 백성이 애굽에서 나올 때 바로가 어떻게 행동했는지를 생각해 보면 쉽게 이해가 되실 것입니다. 바로는 10번의 재앙을 겪은 후에야 마지못해서 이스라엘 백성을 보내주었던 것입니다.

그런데 하나님께서는 "큰 무리를 이루어" 돌아오게 하시겠다고 말씀하십니다. 사람의 눈으로는 불가능에 가까운 일이지만, 하나님은 얼마든지 이루실 수 있기 때문입니다.

8절을 보면서 우리는 하나님께서 불가능한 상황을 가능하도록 바꾸셨음을 알게 됩니다. 그리고 그러한 역사가 우리의 삶 속에서도 일어났고, 우리가 그 불가능한 상황에서 구원 받았음을 깨닫게 됩니다. 그래서 신앙은 신비입니다. 사람들은 신비라고 하면 기이한 현상이나 기적들만 생각하지만, 하나님이신 예수님께서 인간의 몸으로 이 땅에 오신 것이 신비이고, 그분을 통하여 이루신 구원의 역사가 신비이며, 우리가 구원 받은 것이 신비입니다. 그 모든 것이 전혀 이루어질 것 같지 않은 일들이었지만, 하나님의 신비 가운데 이루어진 것입니다. 그러므로 우리는 그 경이로움을 찬양하며 감사해야 합니다.

3. 물가로 인도하시는 이스라엘의 아버지(9절)

9절은 8절에 이어서 이스라엘 자손의 감격스러운 귀환 모습을 그리고 있습니다. 그리고 하나님께서 어떻게 그 길을 인도하셨는지 가르쳐 주고 있습니다. 그리고 우리는 이 말씀에서 우리가 구원 받았을 때의 모습을 볼 수 있습니다.

1) 울며 돌아옴

하나님께서는 "그들이 울며 돌아오리니"(9절a)라고 말씀하십니다. "울며"에 해당하는 히브리어는 '비베키(בִּבְכִי)'인데, 그 단어의 원형인 '베키(בכי)'는 감당하기 힘든 슬픈 일을 당했을 때 큰 소리로 통곡하면서 우는 것을 의미합니다. 귀환의 길에 이렇게 우는 것은 이해하기 어려운 일입니다. 그들은 고국으로 돌아오는 것을 학수고대 하고 있었기 때문입니다. 또한 하나님께서 귀환 길을 인도하시겠다고 말씀하셨기에, 그 길이 고통스러워서 우는 것으로 보기도 어렵습니다. 따라서 이 눈물은 기뻐서 울거나 회개하며 우는 것으로 보는 것이 타당합니다. 그들은 너무나 감격스러워서 마치 통곡하는 것처럼 울고, 자신들의 죄를 회개하고 통곡하며 울고 있는 것입니다.

그리고 이러한 모습은 우리가 예수님을 구주로 영접했을 때를 떠올리게 합니다. 평소에 자신이 죄인이라고 생각하지 않던 사람도 성령님께서 임하시고 예수님을 구주로 영접하게 되면, 자신의 지난 삶이 얼마나 많은 죄로 가득했는지를 회개하며 통곡하게 됩니다. 그리고 예수님을 구주로 영접한 것에 대해서 기쁨의 눈물을 흘리게 됩니다.

2) 하나님의 인도하심과 이스라엘의 간구

그리고 하나님께서는 이어서 "나의 인도함을 받고 간구할 때에"라고 말씀하십니다. 이 말씀은 하나님의 인도하심에 맞물려 우리의 기도가 있어야 함을 나타냅니다. 사실 많은 사람들이 쉽게 놓치는 것이 바로 이것입니다. 하나님께서 우리의 삶을 인도하시기에 우리는 아무 것도 하지 않아도 알아서 목적지에 도착하고, 모든 것이 이루어지게 된다고 생각하는 것입니다. 그러나 그것은 오해입니다. 하나님께서는 우리가 기도하기를 원하고 계십니다.

이는 에스겔 36장에 잘 나타나 있습니다. 에스겔 36장은 이스라엘 자손의 회복을 약속하는 말씀입니다. 그러나 하나님께서는 동시에 이스라엘 자손에게 기도하라고 말씀하십니다. "사람이 이르기를 이 땅이 황폐하더니 이제는 에덴 동산 같이 되었고 황량하고 적막하고 무너진 성읍들에 성벽과 주민이 있다 하리니 너희 사방에 남은 이방 사람이 나 야훼가 무너진 곳을 건축하며 황폐한 자리에 심은 줄을 알리라 나 야훼가 말하였으니 이루리라 주 야훼께서 이같이 말씀하셨느니라 그래도 이스라엘 족속이 이같이 자기들에게 이루어 주기를 내게 구하여야 할지라 내가 그들의 수효를 양 떼 같이 많아지게 하되 제사 드릴 양 떼 곧 예루살렘이 정한 절기의 양 무리 같이 황폐한 성읍을 사람의 떼로 채우리라 그리한 즉 그들이 나를 야훼인 줄 알리라 하셨느니라" (겔 36:35-38).

3) 넘어지지 아니하고 물 있는 계곡의 곧은 길로 가게 하심

하나님의 인도하심을 받은 결과가 이스라엘 자손들의 삶에 어떻게 나타났습니까? 본문은 "그들을 넘어지지 아니하고 물 있는 계곡의 곧은 길로 가게 하리라"(9절b)고 말씀합니다. 하나님께서 인도하시기에 이스라엘 자손들은 귀환의 여정에서 넘어지지 아니할 것입니다. 그리고 물이 있는 계곡으로 인도하시기에 물이 없어서 목이 말라 고생하는 일도 없을 것입니다. 또한 위험한 곳을 피하여 안전한 곳으로 인도하실 것입니다. 아마도 이스라엘 자손들은 이 말씀에서 마치 애굽에서 나와 광야 길을 걷던 자신들의 조상들의 모습을 떠올렸을 것입니다. "이 사십 년 동안에 네 의복이 해어지지 아니하였고 네 발이 부르트지 아니하였느니라…또 너를 위하여 단단한 반석에서 물을 내셨으며 네 조상들도 알지 못하던 만나를 광야에서 네게 먹이셨나니"(신 8:4, 15b-16a). 이스라엘 자손들의 조상들에게 하나님은 신실하셨습니다. 그리고 이제 귀환의 여정을 떠날 이스라엘 자손들에게도 신실하실 것입니다.

광야는 물이 없으면 살 수 없는 열악한 곳입니다. 이스라엘 자손들은 그런 광야의 길을 걸어서 다시 돌아와야 합니다. 하지만 그런 열악하고 위태로운 환경 속에서도 하나님이 역사하시면 능히 여정을 마칠 수 있습니다. 하나님께서 물을 공급하시기 때문입니다. 물가의 축복은 우리가 하나님이 계획하신 목적지를 향하여 가는 동안 때로 어려움을 당하고 열악한 환경을 견뎌야 할 때 그것을 능히 극복하고 풍성함을 누리게 하는 복이라고 할 수 있습니다. 그러므로 우리 가운데 이 복이 필요하지 않은 사람은 한 사람도 없습니다. 우리 모두는 천국을 향한 여정 가운데 있기 때문입니다. 그러므로 이 '물가의 축복'을 간절히 구하시기 바랍니다. 하나님의 인도하심과 보호하심, 그리고 공급하심이 여러분의 천국 여정 위에 언제나 함께 하기를 주님의 이름으로 축원합니다.

물가의 축복

이스라엘 자손은 과거에 하나님을 실망시키고, 스스로 멸망의 길을 걸어 갔습니다. 하지만 하나님은 이스라엘 자손을 포기하지 않으셨습니다. 하나님은 이스라엘 자손들이 포로로 잡혀간 땅에서 다시 돌아오게 하시겠다고 약속하십니다. 그리고 그 길을 인도하시되 물 있는 계곡의 곧은 길로 걷게 하시겠다고 약속하십니다.

1. 남은 자의 구원을 위한 기도

하나님의 선하신 뜻을 깨닫고 순종하기 위해서는 기도가 필요합니다. 하나님이 특별히 남겨 놓으신 이스라엘의 남은 자들의 구원을 위해 간구해야 합니다. 그날이 오면 이스라엘은 기뻐 외치며 그 소식을 전파하며 찬양하게 될 것입니다. 그러므로 그날이 오기 전까지 기도로 깨어 있어야 합니다.

2. 주의 인도를 받고 돌아올 백성

하나님께서 이스라엘 자손을 그들의 고토로 다시 돌아오게 하셨고, 그 모든 길을 인도하셨습니다. 주께서 백성을 땅 끝에서부터 모으시고, 맹인과 다리 저는 사람과 잉태한 여인과 해산하는 여인이 돌아올 것이며, 큰 무리를 이루어 돌아오리라고 약속하십니다.

3. 물가로 인도하시는 이스라엘의 아버지

이스라엘 자손의 감격스러운 귀환 모습을 그리고 있습니다. 그들이 너무 감격해서 울며 돌아오고, 하나님의 인도하심을 위해 기도하는데, 그 결과 넘어지지 않고 물 있는 계곡의 곧은 길로 가게 하신다고 약속하십니다.

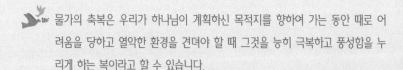 물가의 축복은 우리가 하나님이 계획하신 목적지를 향하여 가는 동안 때로 어려움을 당하고 열악한 환경을 견뎌야 할 때 그것을 능히 극복하고 풍성함을 누리게 하는 복이라고 할 수 있습니다.

새
정소의
축복

새 창조의 축복

렘 31장

PART **6**

기쁨의
축복

예레미야 31:10-14

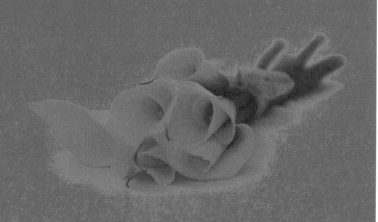

새 창조의 축복 6 · 렘 31장

기쁨의 축복

예레미야 31:10-14

●

"이방들이여 너희는 야훼의 말씀을 듣고 먼 섬에 전파하여 이르기를 이스라엘을 흩으신 자가 그를 모으시고 목자가 그 양 떼에게 행함 같이 그를 지키시리로다 야훼께서 야곱을 구원하시되 그들보다 강한 자의 손에서 속량하셨으니 그들이 와서 시온의 높은 곳에서 찬송하며 야훼의 복 곧 곡식과 새 포도주와 기름과 어린 양의 떼와 소의 떼를 얻고 크게 기뻐하리라 그 심령은 물 댄 동산 같겠고 다시는 근심이 없으리로다 할지어다 그 때에 처녀는 춤추며 즐거워하겠고 청년과 노인은 함께 즐거워하리니 내가 그들의 슬픔을 돌려서 즐겁게 하며 그들을 위로하여 그들의 근심으로부터 기쁨을 얻게 할 것임이라 내가 기름으로 제사장들의 마음을 흡족하게 하며 내 복으로 내 백성을 만족하게 하리라 야훼의 말씀이니라"(렘 31:10-14).

하나님께서는 우리가 기뻐하기를 원하십니다. "항상 기뻐하라 쉬지 말고 기도하라 범사에 감사하라 이것이 그리스도 예수 안에서 너희를 향하신 하나님의 뜻이니라" (살전 5:16-18).

하지만 신앙생활을 하다보면 기쁨을 잃어버리고 살아갈 때가 종종 있습니다. 어떤 때는 기쁨 없이 예배를 드리기도 하고, 또 어떤 때는 기쁨 없이 봉사를 하는 경우도 있습니다. 이렇게 신앙생활을 하다가 기쁨을 잃어버리는 이유는 다양합니다. 어떤 경우에는 하나님의 은혜가 식어져서, 또 어떤 경우에는 누군가에게 상처를 받아서, 또 어떤 경우에는 어려운 문제를 만나서 그렇게 될 수도 있습니다. 그리고 때로는 기쁨을 잃어버린 이유가 어떤 한 가지 원인 때문이라고 정확하게 집어서 이야기하기 어려운 경우도 있습니다.

그런데 본문에 나오는 이스라엘 자손들은 그들의 죄 때문에 기쁨을 잃게 되었습니다. 그들은 죄에 대한 심판으로 어려움을 당하고 슬픔 가운데 처하게 된 것입니다.

그러나 하나님께서는 슬픔 속에서 살아가는 이스라엘 자손을 향하여 다시 기쁨을 회복시키시겠다고 약속하십니다. 왜냐하면 이스라엘 자손을 영원한 슬픔과 고통 속에 가두어 두는 것은 하나님의 뜻이 아니기 때문입니다. 하나님께서 원하시는 것은 이스라엘 자손이 하나님의 다스리심 안에서 기뻐하며 살아가는 것입니다. 본문은 하나님께서 이스라엘의 기쁨을 어떻게 회복시키시는지 말씀하고 있습니다. 그러므로 본문을 통하여 하나님께서 부어주시는 기쁨의 축복으로 충만하게 되시기 바랍니다.

1. 이방에 전파될 이스라엘 회복의 소식(10절)

하나님께서는 이방 민족들에게 이스라엘 회복의 소식을 전파하라고 말씀하셨습니다. 이것은 이스라엘 주변의 이방 민족들에게 별로 중요하지도 않은 이야기이며, 오히려 몇몇 나라에게는 위협이 되는 소식이기도 합니다. 그런데 하나님께서는 이스라엘 회복의 소식을 먼 섬에 이르도록 전파하라고 말씀하십니다. 이는 장차 하나님의 구원이 이스라엘이라는 특정한 민족의 한계를 넘어 모든 민족에게 미치게 될 것이기 때문입니다. 그때가 되면 이스라엘 민족의 회복에 대한 소식은 이스라엘 민족만의 기쁜 소식이 아니라 모든 민족에게 기쁜 소식이 될 것입니다.

1) 주의 말씀이 먼 섬에 전파됨

이스라엘의 회복은 1차적으로 이스라엘 자손이 포로로 잡혀가 있던 땅에서 다시 돌아오는 것이라고 볼 수 있습니다. 하지만 최종적으로는 예수 그리스도를 통하여 주어질 하나님의 구원을 가리킵니다. 따라서 이 소식은 먼 섬에 이르기까지 전파되어야만 합니다.

그런데 본문에서 하나님께서는 이방 나라들에게 이 소식을 전파하라고 명령하셨습니다. 그들 중에는 이스라엘 자손의 나라가 망할 때 조롱하며, 약탈하던 나라도 있습니다. 하지만 그러한 나라들도 변하여 이스라엘의 회복의 소식을 널리 전파하는 도구가 될 것입니다. 하나님께서는 하나님을 아는 이스라엘 자손만 그 도구로 쓰시는 것이 아닙니다. 하나님을 전혀 알지 못하는 이방 나라들도 하나님의 계획을 이루기 위하여 사용하실 수 있습니다.

이처럼 하나님께서는 다양한 방법으로 복음이 전파되게 하시고, 믿고 구원을 받게 하십니다. 목회자들 가운데 어떤 분들은 예수님을 믿는 가정에서 태어나 어려서부터 신앙생활을 하다가 하나님의 부르심을 받고 목회의 길에 들어선 분들이 있습니다. 반면, 교회를 비방하고 예수님을 믿는 사람들을 조롱하고 핍박하다가 예수님을 믿고 목회자가 된 분들도 있습니다. 부르시는 방법은 다양합니다. 하지만 그 모든 방법을 통하여 하나님은 구원의 복음이 땅 끝까지 전파되게 하시는 것입니다. 그럼 하나님께서는 어떤 소식이 먼 섬에 이르기까지 전파되기를 원하십니까?

2) 이스라엘을 흩으신 자가 모으실 것이 전파됨

먼저 하나님께서는 이스라엘 자손을 그들의 죄 때문에 흩으셨지만 다시 모으실 것이 전파되기를 원하십니다. 그들은 하나님 앞에서 범죄함으로써 약속의 땅에서 쫓겨났고, 전혀 알지 못하던 낯선 땅에 정착하며 갖은 고생을 겪어야 했습니다. 하지만 정하신 때가 이르면 하나님이 흩어졌던 이스라엘 자손을 다시 모으실 것입니다. 그리고 이 소식이 먼 섬에 이르기까지 전파되면 그들도 구원의 하나님에 대해 알게 되고 믿게 될 것입니다.

우리는 이 말씀에서 죄를 짓고 에덴동산에서 쫓겨난 아담의 모습을 볼 수 있습니다. 아담과 하와는 하나님께서 먹지 말라고 명령하셨던 선악을 알게 하는 나무의 열매를 따먹는 불순종을 저지르게 됩니다. 그 결과 그들은 하나님께 저주를 받고 에덴동산에서 쫓겨나게 됩니다. 그 후 아담의 후손들은 모두 죄의 저주 아래서 살아가게 됩니다.

그러나 예수님께서 오셔서 십자가 위에서 모든 죄를 짊어지고 대신 죽으심으로 이제 용서의 길이 열렸습니다. 범죄하여 세상으로 흩어져서 고통당하던 사람들을 하나님이 예수 그리스도의 십자가 아래로 다시 불러 모으시는 것입니다.

하나님의 뜻은 사람들을 죄 가운데 버려두는 것이 아닙니다. 하나님께서는 사람들이 뿔뿔이 흩어져서 제 멋대로 살아가다가 마지막 심판을 받게 되는 것을 절대로 기뻐하시지 않습니다. 하나님께서는 그들을 다시 예수님께로 불러 모으기를 원하십니다. 그리하여 그들이 예수님을 자신의 구주로 영접하고 구원을 받아 저 천국에서 영원토록 하나님과 함께 살기를 원하십니다. 이것이 그들을 진정한 기쁨으로 인도하는 길입니다. 그리고 복음은 죄로 더럽혀진 세상 속에서 비탄의 눈물을 흘리고 있던 사람들을 구원의 기쁨으로 인도합니다.

3) 목자처럼 양떼를 지키실 것이 전파됨

그 다음으로 하나님께서는 마치 목자가 양떼를 지키는 것처럼 이스라엘을 지키실 것이 전파되기를 원하십니다. 목자가 없는 양은 모든 것이 불안하기만 합니다. 자신의 힘으로 모든 것을 해야만 합니다. 그리고 맹수의 공격 앞에서 속수무책으로 당할 수밖에 없습니다.

포로로 끌려갔던 이스라엘 자손도 그러했습니다. 낯선 땅에서 스스로의 힘으로 정착해야 했고, 법적으로 권리를 보호받지도 못했습니다. 이방인 주권자의 뜻에 따라 이리 저리 흔들릴 수밖에 없는 불안한 삶이었습니다.

그러나 하나님께서 이방 땅에 흩어졌던 이스라엘 자손을 다시 불러 모으시면, 이제 하나님께서 그들의 목자가 되실 것입니다. 그리고 그들을 보호하실 것이며 먹이시고 입히시며 친히 인도하실 것입니다.

이 말씀은 오늘날 우리가 예수님을 믿고 하나님의 보호 아래서 살아가고 있음을 깨닫게 합니다. 예수님을 믿기 전에 우리는 악한 영적 세력에게 너무나 무력했습니다. 마귀가 우리에게 찾아와서 우리의 소중한 것을 빼앗아가고 멸망으로 이끌어가려고 할 때에도 늘 속아서 살았습니다. 또한 마귀의 궤계에 저항할 방법도 없었습니다.

그러나 이제 예수님께서 마귀의 모든 권세를 깨뜨리셨기에 우리는 승리할 수 있습니다. 하나님께서 우리를 보호하시고 지키시는 것입니다. 이 악한 세상에 고아와 같이 우리를 내버려두지 아니하시고 저 천국까지 인도하실 것입니다. 목자가 양떼에게 그러한 것처럼 우리를 사랑으로 돌보시는 것입니다. 그러한 하나님의 인도하심이 있기에 우리는 더 이상 유리하거나 방황하거나 절망하지 않고 기뻐할 수 있습니다. 그래서 복음은 기쁜 소식인 것입니다.

2. 야훼의 속량으로 인한 큰 기쁨(11-12절)

본문에는 야훼의 속량으로 인하여 크게 기뻐하는 이스라엘 자손의 모습이 기록되어 있습니다. 하나님께서는 이스라엘 자손을 다시 돌아오게 하실 뿐만 아니라 약속의 땅에서 다시는 근심이 없게 하실 것입니다. 이것이 하나님께서 우리에게 주고 싶어 하시는 은혜입니다. 하나님께서는 우리를 구원하실 뿐만 아니라 우리의 삶 가운데 다시는 근심이 없기를 원하시는 것입니다. 그래서 예수님께서는 다음과 같이 말씀하셨습니다. "수고하고 무거운 짐 진

자들아 다 내게로 오라 내가 너희를 쉬게 하리라"(마 11:28).

1) 주의 속량하심으로 시온에서 찬송함

하나님께서는 속량함을 받은 이스라엘 자손들을 시온의 높은 곳에서 찬송하게 하실 것입니다. 이것은 오늘날 구원받은 하나님의 자녀들이 예배당에 모여서 함께 예배드리는 모습을 떠올리게 합니다. 예배드릴 때 우리가 어떤 모습으로 예배드리고 있는지 생각해 보아야 합니다. 혹시라도 부담감 때문에 억지로 와서 예배를 드리고 있지는 않습니까? 만약에 그렇다면 포로 된 땅에서 약속의 땅으로 돌아와 감격의 찬양을 부르고 있는 이스라엘 자손의 모습을 떠올려 보시기 바랍니다. 그들이 경험했던 그 감격이 오늘날 예배당에 모인 우리에게도 있어야 합니다. 이것은 단지 사람의 힘으로만 되지는 않습니다. 하나님께서 예배 가운데 성령님을 통하여 역사하셔야만 하는 것입니다.

또한 우리는 이 모습에서 예수님께서 재림하신 후에 하나님의 백성인 모든 성도들이 저 천국에 함께 모여서 하나님을 높이는 모습도 그려볼 수 있습니다. 최후의 심판이 이루어지고, 최후 승리를 얻은 하나님의 백성이 함께 모여서 예배드리는 자리는 얼마나 영광스러울까요? 그러므로 그 날을 사모하며 날마다 믿음의 싸움을 싸우시기 바랍니다.

2) 야훼의 복으로 크게 기뻐함

12절에 나오는 "찬송하며"라는 동사는 히브리어로 '라난(ןנר)'인데, '외치다, 환호하다'는 뜻입니다. 이것은 하나님의 구원을 기뻐하는 이스라엘의 기쁨을 가리키는데 사용되며, 특별히 거룩한 기쁨이라는 의미를 갖고 있습니다. 본문은 하나님의 은혜로 속량함을 받은 이스라엘 자손이 하나님의 성산에서 거룩한 집회에 참여하여 하나님이 주신 복으로 말미암아 기쁨을 나눌 것을 말씀하고 있는 것입니다. 그리고 이어서 "야훼의 복 곧 곡식과 새 포도주와 기름과 어린 양의 떼와 소의 떼를 얻고 크게 기뻐하리라"고 약속하고 있습니다. 그러므로 우리는 예배시간마다 모여서 마음과 뜻과 힘과 정성을 다하여 하나님을 사랑함으로 말미암아 하나님을 기쁘시게 해야 합니다. 그러면 하나님은 더욱 큰 복으로 우리를 채우셔서 더 큰 기쁨으로 하나님을 찬양하게 하실 것입니다.

3) 심령이 물 댄 동산 같고 근심이 없어짐

하나님께서는 또한 "그 심령은 물 댄 동산 같겠고 다시는 근심이 없으리로다 할지어다"(12절b)라고 말씀하십니다. 하나님께서 복을 주시되 다시는 근심하지 아니하게 하시는 것입니다. 이와 관련하여 하나님께서는 이사야 35장 10절에서 "야훼의 속량함을 받은 자들이 돌아오되 노래하며 시온에 이르러 그들의 머리 위에 영영한 희락을 띠고 기쁨과 즐거움을 얻으리니 슬픔과 탄식이 사라지리로다"라고 말씀하고 있습니다. 하나님께서는 우리를 회복시키시기를 원하실 뿐 아니라 우리에게 평강을 주시기를 원하시는 것입니다. 그러므로 사랑하는 성도 여러분, 여러분의 삶에 이러한 하나님의 평강이 넘쳐서 다시는 근심이 없게 되시기를 주님의 이름으로 축원합니다.

3. 야훼의 복으로 만족하게 될 백성(13-14절)

우리가 자주 부르는 '사람을 보며 세상을 볼 땐'이라는 복음성가가 있는데, 그 가사가 이렇습니다. "사람을 보며 세상을 볼 땐 만족함이 없었네. 나의 하나님 그 분을 뵐 때 나는 만족하였네." 그렇습니다. 사람을 봐도 만족함이 없습니다. 세상을 봐도 만족함이 없습니다. 오직 하나님을 바라볼 때 우리는 진정한 만족을 누릴 수 있습니다. 본문을 통해서 하나님께서 약속하시는 것이 바로 이것입니다. "내 복으로 내 백성을 만족하게 하리라"(14절b).

1) 모든 자들이 춤추며 즐거워할 것임

하나님께서 구원하셔서 약속의 땅으로 불러 모으셨는데, 그곳에 차별이 있고 누군가는 고통 가운데 눈물을 흘리고 있다는 것은 누가 봐도 이상한 일입니다. 하나님께서 구원하셔서 약속의 땅에 모으셨다면 하나님의 모든 백성이 함께 기뻐하고 함께 즐거워해야 할 것입니다. 그래서 본문은 "그 때에 처녀는 춤추며 즐거워하겠고 청년과 노인은 함께 즐거워하리니"(13절a)라고 약속하고 있습니다.

이것은 오늘날 우리 그리스도인들에게도 동일합니다. 하나님께서는 우리 가운데 어떤 사람도 차별하지 않으십니다. 한 사람한 사람을 모두 사랑하시며, 그들을 존귀한 하나님의 자녀가 되게 하셨습니다. 그러므로 모두가 동일하게 받은 은혜에 감사하며 기뻐해야 합니다.

2) 제사장들의 마음이 흡족하게 됨

또한 하나님께서는 "내가 기름으로 제사장들의 마음을 흡족하게 하며"(14절a)라고 말씀하십니다. 제사장들은 하나님의 백성을 섬기기 위하여 직업도 갖지 않고 오직 하나님을 기업으로 여기고 생활하던 사람들입니다. 이 말씀은 제사장들이 누리게 될 윤택한 생활을 나타내는데, 하나님에 대한 예배가 회복됨에 따라 백성은 더 풍성하게 희생제물을 드리게 되고 제사장들 또한 자신들에게 할당된 기름진 부분을 풍성하게 갖게 될 것에 대해서 약속하고 있는 것입니다.

이 말씀을 통하여 우리는 성도들을 섬기는 직분자의 삶을 하나님께서 축복하셔서 풍성하게 하시는 것에 대해 깨달을 수 있습니다. 때로 사업도 열심히 하면서 교회를 잘 섬기거나, 직장 생활을 열심히 하면서 직분에 충성하는 것은 어려워 보일 수 있습니다. 그렇지만 하나님께서 나머지 부분들을 채우실 것입니다. 다른 사람들보다 더 바쁘게 살고, 더 헌신하는 삶일지라도 하나님께서 건강을 지켜주셔서 강건하게 하시며, 더 큰 복을 부어 풍성하게 하실 것입니다.

3) 야훼의 복으로 백성을 만족하게 할 것임

그리고 이제 하나님께서는 "내 복으로 내 백성을 만족하게 하리라 야훼의 말씀이니라"(14절b)고 하시면서 약속의 말씀을 마무리하십니다. 사람의 마음은 그 탐욕이 끝이 없습니다. 그래서 늘 무언가를 더 얻으려고 욕심을 부리기도 합니다. 그러면서 서로 다투기도 합니다. 그렇지만 하나님이 다시 회복시키신 이스라엘 자손은 하나님께서 부어주시는 복으로 말미암아 만족하게 될 것입니다. 왜냐하면 하나님은 우리가 생각하는 것보다 훨씬 더 풍성한 은혜를 부어주시는 분이기 때문입니다. 사도 바울은 하나님에 대해서 소개하면서 "우리 가운데서 역사하시는 능력대로 우리가 구하거나 생각하는 모든 것에 더 넘치도록 능히 하실 이"라고 말씀합니다(엡 3:20). 그러므로 그리스도인은 절대로 자신의 삶의 부족한 부분들로 인하여 염려하지 않습니다. 오히려 하나님께서 주신 것들을 돌아보면서 감사합니다. 그리고 하나님께서 채우실 것을 바라보며 믿음으로 간절히 기도합니다. 하나님은 기도에 응답하시며 풍성하게 채우시는 분이기 때문입니다.

본문을 통하여 우리는 하나님께서 주시는 기쁨의 축복에 대하여 살펴보았습니다. 교회는 잔치 집과 같이 늘 기쁨이 넘쳐야 합니다. 그러므로 우리는 모든 예배에 성령님으로 말미암아 기쁨이 넘치도록 간구해야 할 것입니다. 그리고 예배 시간마다 기대하는 마음으로 나와야 할 것입니다. 원수 마귀는 우리의 마음에서 기쁨을 빼앗아 가려고 계속해서 시험하지만, 하나님께서는 우리의 마음과 생각을 지키셔서 우리가 항상 기뻐하고 범사에 감사하게 하실 것입니다. 오늘도 하나님께서 세우신 교회에 나와서 받은 구원에 감사하며 함께 예배드리는 우리 모두에게 하나님께서 넘치는 기쁨과 복으로 채우시기를 예수님의 이름으로 축원합니다.

기쁨의 축복

이스라엘 자손들은 그들의 죄 때문에 기쁨을 잃게 되었습니다. 그들은 죄에 대한 심판으로 어려움을 당하고 슬픔 가운데 처하게 된 것입니다. 그러나 하나님은 다시 기쁨을 회복시키시겠다고 약속하십니다. 왜냐하면 이스라엘 자손을 영원한 슬픔과 고통 속에 가두어 두는 것은 하나님의 뜻이 아니기 때문입니다.

1. 이방에 전파될 이스라엘 회복의 소식

하나님은 이방 민족들에게 이스라엘 회복의 소식을 전파하라고 말씀하셨습니다. 하나님은 주의 말씀이 먼 섬에 전파되고, 이스라엘을 흩으신 자가 모으실 것이 전파되고, 목자처럼 양떼를 지키실 것이 전파되기를 원하십니다. 그러한 하나님의 인도하심이 있기에 우리는 더 이상 유리방황하거나 절망하지 않고 기뻐할 수 있습니다.

2. 야훼의 속량으로 인한 큰 기쁨

하나님은 이스라엘 자손을 다시 돌아오게 하실 뿐 아니라 약속의 땅에서 다시는 근심이 없게 하실 것입니다. 하나님은 속량함을 받은 이스라엘 자손들을 시온의 높은 곳에서 찬송하게 하시고, 야훼의 복으로 크게 기뻐하게 하시고, 심령이 물 댄 동산 같고 근심이 없게 되시기를 원하십니다.

3. 야훼의 복으로 만족하게 될 백성

우리는 오직 하나님을 바라볼 때 진정한 만족을 누릴 수 있습니다. 모든 자들이 춤추며 즐거워할 것이고, 제사장들의 마음이 흡족하게 되고, 야훼의 복으로 백성을 만족하게 할 것입니다.

원수 마귀는 우리의 마음에서 기쁨을 빼앗아 가려고 계속해서 시험하지만, 하나님께서는 우리의 마음과 생각을 지키셔서 우리가 항상 기뻐하고 범사에 감사하게 하실 것입니다.

새
창조의
축복 렘 31장

PART 7

긍휼의
축복

예레미야 31:15-20

새로운 창조의 축복 7 · 렘 31장

긍휼의 축복

예레미야 31:15-20

●

"야훼께서 이와 같이 말씀하시니라 라마에서 슬퍼하며 통곡하는 소리가 들리니 라헬이 그 자식 때문에 애곡하는 것이라 그가 자식이 없어서 위로 받기를 거절하는도다 야훼께서 이와 같이 말씀하시니라 네 울음 소리와 네 눈물을 멈추어라 네 일에 삯을 받을 것인즉 그들이 그의 대적의 땅에서 돌아오리라 야훼의 말씀이니라 너의 장래에 소망이 있을 것이라 너의 자녀가 자기들의 지경으로 돌아오리라 야훼의 말씀이니라 에브라임이 스스로 탄식함을 내가 분명히 들었노니 주께서 나를 징벌하시매 멍에에 익숙하지 못한 송아지 같은 내가 징벌을 받았나이다 주는 나의 하나님 야훼이시니 나를 이끌어 돌이키소서 그리하시면 내가 돌아오겠나이다 내가 돌이킨 후에 뉘우쳤고 내가 교훈을 받은 후에 내 볼기를 쳤사오니 이는 어렸을 때의 치욕을 지므로 부끄럽고 욕됨이니이다 하도다 에브라임은 나의 사랑하는 아들 기뻐하는 자식이 아니냐 내가 그를 책망하여 말할 때마다 깊이 생각하노라 그러므로 그를 위하여 내 창자가 들끓으니 내가 반드시 그를 불쌍히 여기리라 야훼의 말씀이니라"(렘 31:15-20).

본문은 하나님께서 우리에게 주시는 '긍휼의 축복'에 관한 내용입니다. 하나님께서는 앗수르에 포로로 잡혀가는 이스라엘 백성의 상태를 마치 자식이 없어져서 애곡하는 라헬의 슬픔에 비교하여 말씀하셨습니다.

라헬은 남편 야곱에게서 뜨거운 사랑을 받았던 아내입니다. 야곱은 라헬을 아내로 얻기 위해 삼촌 라반의 집에서 7년 동안이나 일을 했습니다. 그러나 삼촌은 야곱과의 약속을 어기고 라헬의 언니인 레아를 아내로 내어줍니다. 그래서 야곱은 다시 라헬을 얻기 위해 7년을 더 일합니다. 결국 야곱은 무려 14년 동안이나 삼촌에게 헌신하여 라헬을 아내로 얻습니다.

그런데 라헬에게는 한 가지 약점이 있었습니다. 그것은 바로 아이를 낳지 못하는 것이었습니다. 언니 레아가 자식을 7명이나 낳을 동안 라헬은 자식을 하나도 낳지 못했습니다. 심지어 자신의 여종 빌하와 언니의 여종 실바가 각각 아들을 둘씩 낳을 때까지도 라헬은 자식이 없었습니다. 그러니 라헬의 고통이 어떠했겠습니까?

이스라엘 문화에서 여자가 아이를 낳지 못한다는 것은 수치스러운 일이고 말할 수 없는 고통이었습니다. 왜냐하면 "자식은 야훼께서 주신 기업이요 태의 열매는 상급"(시 127:3)이었기 때문입니다. 그래서 라헬은 자식이 없는 설움은 물론이요, 하나님께 버림받은 것 같은 슬픔, 또 가문에서 인정받지 못하는 설움이라는 삼중고의 슬픔을 겪어야 했습니다. 그러나 하나님은 그런 라헬을 긍휼히 여기셨습니다. 이것이 바로 긍휼의 축복입니다. 본문을 통하여 하나님의 긍휼의 축복에 대하여 살펴볼 때, 말씀에 은혜받으시고 하나님의 풍성한 긍휼을 맛보게 되시기를 주님의 이름으로 축원합니다.

1. 라마의 슬픈 통곡(15-16절)

라헬은 하나님의 긍휼하심을 입어 두 아들을 낳았습니다. 첫째는 요셉이고, 둘째는 베냐민이었습니다. 본문에서 '라마'는 라헬이 베냐민을 낳다가 죽은 곳입니다. 야곱은 이곳에서 라헬을 장사지내고 묘비를 세웁니다(창 35:16-20). 나중에 라마는 베냐민 지파의 성읍이 됩니다. 그리고 라헬의 첫째 아들인 요셉은 에브라임과 므낫세를 낳았는데, 그들은 후에 북왕국 이스라엘을 대표하는 지파가 됩니다.

그러나 주전 722년 북 이스라엘은 앗수르에게 멸망을 당하고 대다수 국민들이 포로로 잡혀가게 됩니다. 그때 라헬의 후손인 북 이스라엘 여인들은 자기 자식이 죽거나 포로로 끌려가는 것을 보면서 애곡합니다. 온 나라가 자식을 잃은 어미의 통곡 소리로 가득하게 된 것입니다.

1) 자식으로 인한 라헬의 애곡

사랑하는 자녀들이 죽거나 사로잡혀 가는 것을 바라볼 수밖에 없는 어머니에게 그 어떤 말이 위로가 될 수 있겠습니까? "라마에서 슬퍼하며 통곡하는 소리가 들리니 라헬이 그 자식 때문에 애곡하는 것이라 그가 자식이 없어져서 위로받기를 거절하는도다"(15절).

　이것은 비단 라헬의 슬픔만을 나타내는 것이 아닙니다. 왜냐하면 라헬은 북 이스라엘을 대표하는 어머니로서 하나님을 상징하기 때문입니다. 라헬의 슬픔은 곧 이스라엘의 슬픔이요, 하나님의 슬픔입니다. 이스라엘 자손들이 하나님을 떠나 우상을 숭배하고 결국 이방 나라의 포로로 잡혀가는 심판이 임했을 때, 하나님께서는 자식을 잃은 심정이셨습니다. 이스라엘이 하나님의 징계를 받아 모진 포로 생활을 할 때, 그들만 아픈 것이 아니었습니다. 하나님께서도 가슴이 아프셨습니다.

2) 눈물을 멈추게 될 라헬

　하나님께서는 자녀의 잘못을 무섭게 징계하시는 분인 동시에 자녀의 눈에서 눈물이 멈추기를 원하시는 긍휼의 아버지이십니다. 하나님은 자식을 잃은 슬픔으로 통곡하는 북이스라엘의 라헬들에게 이렇게 말씀하셨습니다. "네 울음 소리와 네 눈물을 멈추어라!"(16절).

　이것은 자식을 잃은 어머니의 심정을 헤아리지 못해서 하시는 말씀이 아닙니다. 하나님께서는 이미 이스라엘 자손들을 다시 회복시키실 것을 계획하셨기에 확신에 찬 명령을 내리신 것입니다. 그래서 시편 30편 5절은 다음과 같이 말씀합니다. "그의 노염은

잠깐이요 그의 은총은 평생이로다 저녁에는 울음이 깃들일지라
도 아침에는 기쁨이 오리로다.”

인생은 희로애락의 연속입니다. 하지만 우리 눈물을 닦아주시
며 슬픔을 기쁨으로 변화시켜 주시는 하나님 아버지께서 우리와
함께 계십니다. 여러 가지 시험을 당할 때, 능력의 주님 앞에 나아
와 믿음으로 기도하시기 바랍니다. 하나님께서 우리를 도우사 악
(惡)은 선(善)으로, 화(禍)는 복(福)으로 변화시켜 주실 것입니다.

3) 수고의 삯을 받게 하신 하나님

이스라엘이 대적의 땅에서 고향 땅으로 돌아올 수 있게 된 것
은 오직 하나님의 은혜입니다. 그러나 하나님께서는 본문에서 포
로로 살면서 수고한 대가를 받을 것이라고 말씀하십니다. 그들의
고난에 대한 하나님의 회복을 약속하고 계신 것입니다. 실제로
이스라엘은 1차 포로 귀환 때, 야훼의 감동하심을 입은 바사 왕
고레스가 금과 은 등 각종 필요한 물품으로 그들의 귀환을 풍성
하게 지원해 주었습니다.

이처럼 하나님께서는 대적으로부터 받은 상처와 원한을 모두
갚아주시는 분이십니다. 하나님께서는 죄로 인하여 영원히 마귀
의 종으로 살아갈 수밖에 없던 우리를 위해 이 땅에 그 아들 예수
그리스도를 보내주시고, 십자가에서 모든 죄악을 속량해 주셨습

니다. "그리스도 예수 안에 있는 속량으로 말미암아 하나님의 은혜로 값 없이 의롭다 하심을 얻은 자 되었느니라"(롬 3:24).

2. 위로와 소망의 메시지(17-18절)

이방 나라의 포로가 된 이스라엘 백성들을 향한 하나님의 위로와 소망의 메시지가 계속 이어집니다. 하나님께서는 머지않은 장래에 이스라엘의 후손들이 고토로 돌아와서 나라가 회복될 것을 약속하셨습니다. 그리고 그것은 그들이 자신의 죄로 인한 하나님의 징계임을 스스로 깨닫고 회개할 때 성취될 약속이었습니다. 결국 이스라엘 백성들에게 유일한 위로와 소망은 야훼 하나님이었습니다.

1) 포로 귀환이라는 소망

하나님께서는 이스라엘 백성들에게 포로 귀환이라는 확실한 약속과 소망을 주셨습니다. 17절에서 "장래"는 '가까운 미래', '약속된 장래'를 가리킵니다. 포로로 잡혀간 이스라엘의 후손들이 포로지에서 고향으로 돌아오게 될 날을 가리키는 것입니다.

이방 나라의 포로가 된 이스라엘 백성들이 바라볼 것은 하나님의 약속 밖에 없었습니다. 비록 그들은 자신들의 죄를 인하여 하나님의 심판을 받게 되었지만 이스라엘을 향한 하나님의 생각은 결코 재앙을 내리려는 것이 아니라 장래에 소망을 주려는 것이었습니다. "야훼의 말씀이니라 너희를 향한 나의 생각을 내가 아나니 평안이요 재앙이 아니니라 너희에게 미래와 희망을 주는 것이니라"(렘 29:11).

헬렌 켈러 여사는 시각과 청각, 중복 장애인으로는 최초로 인문계 학사를 받고 미국에서 작가로 활동할 뿐 아니라 정치가요, 교육자로서도 활동했던 세계적인 인물입니다. 우리도 조금만 눈이 어두침침해지고 귀가 안 들려도 불편해지는데 헬렌 켈러는 보지도 못하고 듣지도 못하고 말도 못하는 중증 장애인이었습니다. 하지만 그녀는 많은 사람들에게 용기와 희망이 되었습니다.

어느 날, 한 기자가 헬렌 켈러에게 이런 질문을 했습니다.

"선생님, 앞이 보이지 않는 생활보다 더 불행한 것이 무엇입니까?"

그때 헬렌 켈러는 거침없이 대답했습니다.

"볼 수 있는 눈은 가지고 있으면서도 비전 없이 생활하는 것입니다."

헬렌 켈러는 비록 육신의 눈으로 볼 수 없었지만 영의 눈으로 꿈과 비전을 바라보았듯이 우리는 하나님이 주시는 꿈과 비전을 바라보아야 합니다. 하나님께서 주시는 꿈과 비전은 미래를 내다 보는 눈이요, 우리의 소망입니다. 이 비전이 우리로 하여금 보이지 않는 미래를 보게 하고, 미래를 향하여 도전하게 합니다. 현재와 미래를 서로 이어주는 다리가 되는 것입니다. 그러므로 하나님의 꿈과 비전을 마음에 소유하시기 바랍니다.

2) 에브라임의 탄식을 들으시는 하나님

하나님께서는 힘겨운 포로 생활 가운데 회개하는 에브라임의 탄식을 들으셨습니다. 그들은 자신들이 타락하고 무능하여 스스로는 결코 죄에서 돌아설 수 없는 연약한 존재임을 깨달았습니다. 그래서 죄에서 돌이키고 본토로 돌아올 수 있도록 하나님께 간구했습니다. 이스라엘의 기도 속에는 하나님만이 자신을 도우실 수 있다는 굳은 확신이 들어 있습니다.

우리는 죄를 회개하고 얼마 지나지 않아서 또 다시 죄를 짓게 되는 연약한 존재입니다. 그러나 우리가 자신의 연약함을 깨닫고 도우심을 구하면 예수님은 언제든지 기도에 응답하십니다. 그러므로 예수님께서 우리를 죄에서 건지실 수 있다는 확신을 가지고 기도하시기 바랍니다.

3) 주님으로부터 말미암은 징계

에브라임은 자신들이 하나님의 심판을 받아 앗수르의 포로가 되었다는 것을 깨달았습니다. 수백 년 동안 국가를 잃은 충격과 고통을 거치면서 비로소 깨닫게 된 것입니다. 또한 그들은 자신들의 고난이 하나님으로부터 말미암은 징계라는 사실을 통해 다시 고국으로 돌아가는 것 또한 하나님으로 말미암아 성취될 것이라는 사실도 깨닫게 되었습니다.

이처럼 우리가 지은 죄에 대하여 징계를 받을 때, 그것이 주님으로부터 말미암은 징계라는 사실을 알아야 합니다. 그리고 이 징계가 축복으로 변화되는 것도 주님의 주권 가운데 있다는 것을 알아야 합니다. 그리고 회개해야 합니다.

그런데 회개는 우리 스스로 되는 것이 아닙니다. 진정한 회개는 성령님께서 우리 가운데 오셔야 할 수 있습니다. 왜냐하면 회개는 눈물을 흘리고 입으로 고백하는 것뿐 아니라, 삶의 변화가 다가와야 하는 것이기 때문입니다. 성령님께서 내 안에 오셔서 다스려 주시기를 간절히 간구하고 기다리십시오. 그러면 진정한 회개와 함께 죄에서 온전히 돌이킬 수 있게 될 것입니다. 성령님의 능력만이 우리로 하여금 주님께서 원하시는 거룩한 삶을 살게 할 것입니다.

3. 하나님의 긍휼을 얻는 이스라엘(19-20절)

이스라엘 자손들은 자신들의 죄를 깨닫고 회개할 때, 하나님의 긍휼하심을 얻었습니다. 하나님께서는 자신의 잘못을 스스로 뉘우치고 그 앞에 나아오는 자들을 긍휼히 여기십니다. 우리가 하나님께 긍휼히 여김을 받는 것은 그의 자녀이기 때문입니다. 이것이 우리에게 얼마나 큰 축복인지 모릅니다. 하나님께서는 우리를 긍휼히 여기사 그 아들 예수 그리스도를 통하여 언제든지 하나님 앞에 나아갈 수 있는 길을 열어 주셨습니다. 바로 이 사실이 우리에게 가장 큰 소망입니다.

1) 돌이킴을 받은 후에 뉘우침

이스라엘이 정치·경제적으로 흥왕하던 시절에는 야훼 하나님을 배반하고 음란하게 우상을 숭배하면서 온갖 범죄를 저질렀습니다. 그러나 이제 그들은 하나님께로 돌이킴을 받고 자신의 죄를 깨닫고 나니 이전에 행한 일들에 대해 부끄러움을 느끼게 되었습니다.

또한 그들은 하나님의 교훈을 통해 하나님의 사랑과 긍휼하심을 깨닫게 되었습니다. 본문의 "교훈을 받은"(19절)이라는 것은 지적인 앎만이 아니라 생생한 체험을 통하여 전인격적으로 깊이 깨닫는 것을 의미합니다. 그들은 자신들이 저지른 죄악이 부끄러운 일이라는 사실을 깨닫고 뉘우쳤습니다. 본문에서 "뉘우쳤고"는 히브리어로 '니하므티(נִחַמְתִּי)'인데, 그 원형은 '나함(נחם)'입니다. 이것은 자신의 잘못된 결정과 행동에 대하여 깊이 후회하며 탄식하는 것을 의미합니다. 즉 이스라엘은 하나님께 참된 회개를 했다고 볼 수 있는 것입니다.

2) 주께서 기뻐하는 자식인 에브라임

에브라임은 하나님께서 사랑하고 기뻐하는 자녀입니다. 본문에서 "사랑하는"은 히브리어로 '약키르(יַקִּיר)'입니다. 이 단어는 '야카르(יקר)'에서 유래했는데, 값으로 계산할 수 없을 만큼 소중한 것을 의미합니다.

그러므로 이것은 이스라엘이 하나님께 어떠한 존재인지 짐작케 합니다. 이처럼 이스라엘이 하나님으로부터 지극한 사랑을 받고 기뻐하는 자식이 된 것은 그들이 그럴 만한 자격이 있어서가 아니라 하나님께서 택하신 언약의 백성이기 때문입니다. 그리고 이것은 하나님께서 예수 그리스도를 통하여 자녀 삼으신 우리에게도 동일하게 적용될 수 있습니다. 우리는 하나님께서 사랑하는 하나님의 자녀입니다.

3) 주께서 그를 긍휼히 여기심

하나님께서는 자신의 잘못을 깨닫고 탄식하는 에브라임을 긍휼히 여기셨습니다. 그들을 얼마나 뜨겁게 사랑하고 긍휼히 여기셨는지, 하나님께서는 "내가 그를 위하여 내 창자가 들끓으니" (20절b)라고 말씀하십니다. 이러한 표현은 구약 성경에서 4회 사용되는데, 사랑하는 자를 인하여 주체할 수 없이 솟구쳐 오르는 사랑의 감정을 표현한 것입니다. 회개하는 이스라엘을 향한 하나님의 긍휼하심은 뱃속 깊은 곳에서부터 그 의지를 억제할 수 없을 정도로 솟구쳐 올랐습니다. 그래서 하나님께서는 "내가 반드시 그를 불쌍히 여기리라"고 말씀하십니다. 이는 이스라엘을 반드시 그 죄악 가운데서 건져내고 회복하실 것이라고 약속하신 것입니다.

또한 하나님께서는 "내가 그를 책망하여 말할 때마다 깊이 생각하노라"고 말씀하십니다. 이것은 하나님께서 고난을 통해 교훈하신다는 의미입니다. 이스라엘은 하나님께서 소중히 여기시는 자식입니다. 따라서 비록 자식이 죄를 지어서 징계해야 하는 순간이라 할지라도 하나님 아버지께서는 그들을 위한 것이 무엇인지 깊이 생각하시는 것입니다.

본문을 통하여 우리는 하나님의 긍휼에 대해서 함께 살펴보았습니다. 하나님께서는 우리를 긍휼히 여기십니다. 회개하고 돌아오는 자식을 모른 체하시며 영원히 버려두지 않으십니다. 오히려 하나님께서는 우리가 죄악 가운데서 탄식할 때, 우리를 그 죄 가운데서 건지시고 한없는 긍휼과 사랑을 베풀어 주시길 원하십니다. 그러므로 하나님 앞에 나와서 마음을 다 털어놓고 회개하며 우시기 바랍니다. 하나님의 긍휼하심을 입고 희망이 가득한 삶을 살아가게 될 것입니다.

긍휼의 축복

하나님은 앗수르에 포로로 잡혀가는 이스라엘 백성의 상태를 마치 자식을 읽고 애곡하는 라헬의 슬픔에 비교하여 말씀하셨습니다.

1. 라마의 슬픈 통곡

'라마'는 라헬이 베냐민을 낳다가 죽은 곳으로 나중에 베냐민 지파의 성읍이 됩니다. 북 이스라엘이 앗수르에게 멸망당하게 되자 라헬의 후손인 북 이스라엘 여인들은 자식이 죽거나 포로로 끌려가는 것을 보면서 애곡합니다. 그러나 하나님은 징계하시는 동시에 자녀의 눈에서 눈물이 멈추기를 원하시는 긍휼의 아버지이십니다. 또한 대적에게 받은 상처와 원한을 모두 갚아주시는 분이십니다.

2. 위로와 소망의 메시지

이방 나라의 포로가 된 이스라엘 백성들에게 하나님의 위로 소망의 메시지가 계속 이어집니다. 하나님은 그들에게 포로 귀환이라는 확실한 약속과 소망을 주시고, 힘겨운 포로 생활 가운데 회개하는 에브라임의 탄식을 들으셨습니다. 그들은 자신들의 고난이 하나님으로부터 말미암은 징계라는 사실을 통해 다시 고국으로 돌아가는 것도 하나님으로 말미암아 성취될 것이라는 사실도 깨달았습니다.

3. 하나님의 긍휼을 얻는 이스라엘

이렇게 이스라엘이 자신들의 죄를 깨닫고 회개할 때 하나님의 긍휼을 얻게 됩니다. 그들은 하나님의 교훈을 통해 하나님의 사랑과 긍휼하심을 깨닫게 되었고, 하나님으로부터 지극한 사랑을 받는 택하신 언약의 백성임을 알게 되었습니다. 이에 하나님은 그들을 반드시 그 죄와 고통에서 건져내고 회복하실 것을 약속하십니다.

 하나님은 우리를 긍휼히 여기십니다. 우리가 죄악 가운데서 탄식할 때, 우리를 그 죄 가운데서 건지시고 한없는 긍휼과 사랑을 베풀어 주시길 원하십니다.

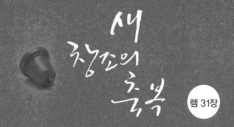

새
창조의
축복 렘 31장

PART 8

안식의
축복

예레미야 31:21-26

새로운 창조의 축복 8 · 렘 31장

안식의 축복

예레미야 31:21-26

●

"처녀 이스라엘아 너의 이정표를 세우며 너의 푯말을 만들고 큰 길 곧 네가 전에 가던 길을 마음에 두라 돌아오라 네 성읍들로 돌아오라 반역한 딸아 네가 어느 때까지 방황 하겠느냐 야훼가 새 일을 세상에 창조하였나니 곧 여자가 남자를 둘러싸리라 만군의 야훼 이스라엘의 하나님께서 이와 같이 말씀하시니라 내가 그 사로잡힌 자를 돌아오게 할 때에 그들이 유대 땅과 그 성읍들에서 다시 이 말을 쓰리니 곧 의로운 처소여, 거룩한 산이여, 야훼께서 네게 복 주시기를 원하노라 할 것이며 유다가 그 모든 성읍의 농부와 양떼를 인도하는 자가 거기 함께 살리니 이는 내가 그 피곤한 심령을 상쾌하게 하며 그 모든 연약한 심령을 만족하게 하였음이라 하시기로 내가 깨어보니 내 잠이 달았더라"(렘 31:21-26).

예레미야는 유다 나라가 회복되는 꿈을 꾸었습니다. 그 꿈은 온 이스라엘 자손들이 모든 포로생활을 끝내고 약속의 땅으로 돌아와서 하나님께서 주시는 안식 가운데 평화롭게 살아가는 희망적인 꿈이었습니다. 그러나 당시 유다의 상황을 보면 그것은 허무맹랑한 꿈에 불과했습니다. 왜냐하면 바벨론의 침략으로 벌써 많은 동족들이 포로로 끌려갔고, 국가의 앞날도 몹시 어두웠기 때문입니다.

하지만 하나님께서는 예레미야의 꿈을 통해 반드시 회복될 것임을 말씀하시며 이스라엘 자손들에게 희망을 주십니다. 어쩌면 눈에 보이는 상황이 점점 더 악화되고 있는 것 같을지라도 하나님께서 정하신 때가 이르면 이스라엘 자손들은 회복될 것이며 약속의 땅에서 안식을 누리게 될 것입니다. 그리고 이 안식에 대한 약속은 예수 그리스도를 통하여 오늘날 우리에게 주어진 약속이라고 할 수 있습니다. 왜냐하면 우리는 모두 저 천국의 영원한 안식을 기대하며 살아가는 사람들이기 때문입니다. 그러므로 이 안식의 축복을 사모하게 되시기 바랍니다. 그리하여 이 땅을 사는 동안 영원한 안식에 대한 확신을 가지고 담대히 살게 되시기를 주님의 이름으로 축원합니다.

1. 네가 전에 가던 길에서 돌아오라(21-22절)

하나님께서는 이방 나라에 노예로 끌려가는 이스라엘 자손들에게 회개를 촉구하셨습니다. 그리고 회복에 대해서도 말씀하셨습니다. 인간은 참된 안식과 만족을 얻기 위해 하나님을 떠나 이곳저곳을 찾아다니지만 아무리 찾아도 소용이 없습니다. 안식을 얻기 위해 몸부림을 쳐봐도 얻지 못합니다. 참된 안식은 오직 하나님께로 돌아와야 얻을 수 있기 때문입니다.

1) 이정표를 세워야 함

하나님께서는 북이스라엘인 '에브라임'을 "처녀 이스라엘"로 부르시면서 이정표를 세우고 성읍으로 돌아오라고 말씀하십니다. "처녀 이스라엘"은 이스라엘 자손이 순결한 신앙으로 회복되기를 원하시는 하나님의 마음이 잘 드러나 있습니다. 그리고 "전에 갔던 길"은 야훼 하나님을 향해 이전에 행했던 순종의 길을 말합니다. 그 길을 마음에 두라는 것은 길이요 진리요 생명되신 하나님께 마음을 두고 그 길을 기억하여 돌아오라는 것입니다.

이스라엘 자손들은 하나님을 떠나 우상을 숭배하고 다른 길로 행하다가 하나님의 심판을 받아 이방 나라의 포로로 끌려가게 되었습니다. 하지만 하나님께서는 절망에 빠진 이스라엘 자손들에게 소망을 주셨습니다. 다시 고국으로 돌아올 수 있도록 구체적인 방법을 알려 주신 것입니다. "처녀 이스라엘아 너의 이정표를 세우며 너의 푯말을 만들고"(21절). 비록 이방 나라에 포로로 끌려가는 신세이기는 하지만, 가는 동안 다시 귀환하게 될 날을 생각해서 도로에 이정표나 표지물을 만들어 두라는 것입니다. 이것은 본토로 돌아오는 것이 기정사실이라는 것을 나타냅니다.

2) 방황을 멈추게 하는 말씀

그러면 이스라엘 자손들이 다시 본토로 돌아올 수 있도록 안내하는 이정표가 무엇입니까? 그것은 바로 "전에 갔던 길을 마음에 두는 것"(21절)입니다. 그들은 분명 포로로 끌려가면서 이전에 하나님을 섬겼던 때를 생각하면서 회개의 눈물을 흘렸을 것입니다. 더불어 그들은 하나님께서 약속하신 회복의 말씀을 마음의 이정표로 삼고 다시 돌아오게 될 날을 바라보아야만 했습니다. 따라서 곧 하나님의 약속과 계명의 말씀이 그들의 길을 안내하는 이정표인 것입니다.

22절에서 하나님은 이스라엘 자손을 향해 "반역한 딸아" 하고 부르십니다. 이스라엘 자손이 하나님 아버지를 저버리고 다른 우상을 섬겼기 때문입니다. 하나님께서는 그들에게 "네가 어느 때까지 방황하겠느냐" 하고 물으셨습니다. 이스라엘 자손들이 아직까지도 그들을 기다리시는 하나님께로 마음을 돌이키지 않고 여전히 죄악 가운데서 방황하고 있기 때문입니다. 하나님께서는 "돌아오라"는 말을 두 번씩이나 반복해서 하셨습니다. 그들의 발걸음을 재촉하시는 것입니다. 그들은 너무 오랫동안 하나님을 떠나 있었습니다. 왜 이스라엘의 방황이 오랫동안 끝나지 않았습니까? 그것은 하나님의 말씀을 마음에 새기지 않아서 그런 것입니다. "이러므로 너희는 나의 이 말을 너희의 마음과 뜻에 두고, 또 그것을 너희의 손목에 매어, 기호를 삼고, 너희 미간에 붙여 표를 삼으며"(신 11:18).

3) 여자가 남자를 둘러싸게 됨

하나님께서는 이제 이스라엘 자손들에게 다시 본국으로 돌아가야만 하는 이유에 대해 말씀하십니다. "야훼가 새 일을 세상에 창조하였나니 곧 여자가 남자를 둘러싸리라"(22절). 이스라엘 자손에게 약속된 회복은 마치 새로운 것을 창조하는 것과 같다는 뜻입니다.

그런데 본문은 하나님께서 행하실 그 새로운 창조의 역사를 좀 난해하게 표현합니다. "곧 여자가 남자를 둘러싸리라"(22절)고 했습니다. 이에 대한 여러 가지 해석이 있는데 그 중에 하나는 간음한 여자인 이스라엘 자손이 하나님께 버림을 받은 후 자신의 죄를 뉘우치고 돌아와서 다시 남편인 하나님을 안게 되리라는 해석입니다. 또 다른 하나는 이스라엘 자손이 본국으로 귀환한 후 마치 어린 자식이 어머니의 품에 안긴 것과 같이 평화를 누리게 되리라는 해석입니다. 그리고 또 다른 하나는 메시야에 대한 예언으로써 '동정녀 마리아가 아기 예수님을 품에 안게 되리라' 는 해석입니다. 앞서 하나님께서 "처녀 이스라엘", "반역한 딸" 이라고 부르시며 이스라엘을 여자에 비유하셨듯이 이스라엘의 후손인 동정녀 마리아가 아기 예수를 강보로 둘러싸리라는 해석으로 보는 것입니다. 이것은 결과적으로 이스라엘 자손들이 메시야를 안게 된다는 의미로 볼 수 있습니다.

2. 야훼의 축복이 임함(23-24절)

하나님께서는 앞서 북왕국 이스라엘의 회복에 대해 거듭 강조하셨습니다. 그런데 이번에는 유다의 회복과 그들에게 주실 축복을 말씀하십니다.

예레미야가 이 예언을 선포할 당시 유다는 아직 멸망하지 않은 상태였습니다. 그러나 유다의 심판은 이미 예정된 것이었기 때문에 하나님께서는 예레미야를 통하여 그들에게 미리 희망의 메시지를 주신 것입니다.

유다 백성들에게 임하게 될 축복은 곧 거룩한 성 예루살렘 성전의 재건입니다. 이것은 다시 말해, 이스라엘 신앙의 회복을 의미합니다. 이 축복은 유다 백성들에게만 국한된 것이 아니었습니다. 전 이스라엘 자손들에게 주실 완전한 축복이었습니다.

1) 사로잡힌 자가 돌아오는 축복

이방 나라의 종이 된 이스라엘 자손들에게 있어서 가장 큰 축복은 사로잡힌 자가 돌아오는 것입니다. 본문은 "내가 그 사로잡힌 자를 돌아오게 할 때"(23절)라고 말씀합니다. 이는 포로 귀환의 시기를 말합니다. 여기에는 이스라엘 자손들을 반드시 그들의 고국으로 돌아가게 하실 것이라는 하나님의 의지가 강하게 드러나 있습니다.

이방 나라에 포로로 잡혀간 사람들에게 가장 큰 위로와 소망은 다시 고국으로 돌아가는 것입니다. 비록 이스라엘 자손들은 자신들의 죄악으로 인하여 이방 나라의 종이 되었지만 신실하신 하나님께서는 그들에게 고국으로 돌아가는 축복을 약속하셨습니다.

예수 그리스도는 모든 묶임과 사로잡힘에서 우리를 해방시키시는 분입니다. 우리는 부정적인 생각과 절망적인 마음에서 놓여나고, 마귀의 종으로 사로잡힌 데서 해방되어야 합니다. 이것이 가장 기본이 되는 축복입니다. 삶의 모든 사로잡힘에서 놓여나는 축복이 임하게 되시기를 바랍니다.

2) 이스라엘 신앙의 회복

이스라엘 자손들이 이방 나라의 포로에서 벗어나 본토로 귀환하게 될 때, 그들이 받게 될 축복은 바로 '신앙의 회복'입니다. 이는 "그들이 유다 땅과 그 성읍들에서 다시 이 말을 쓰리니 곧 의로운 처소여, 거룩한 산이여"(23절)라는 말씀에 잘 나타나 있습니다.

"이 말을 쓰리니"는 신앙의 고백을 말합니다. 그들이 철저히 하나님을 인정하는 신앙고백을 하게 된다는 것입니다. "의로운 처소, 거룩한 산"은 가나안 땅을 가리키는 동시에 의롭고 거룩한 분이 거주하시는 곳, 곧 시온 산이 있는 예루살렘을 가리킵니다.

따라서 본문은 이스라엘 자손들이 고국으로 돌아와서 파괴된 예루살렘을 재건하고 야훼 앞에 거룩한 제사를 드리는 회복의 때를 약속하는 말씀이라고 할 수 있습니다. 파괴된 예루살렘은 다시 의로운 처소이자, 거룩한 산이라 불리게 될 것이며, 이스라엘의 신앙은 회복 될 것입니다.

이것은 또한 그들의 말에서도 드러나게 됩니다. 23절에 보면 "야훼께서 네게 복 주시기를 원하노라 할 것이며"라고 말씀합니다. 이것은 모든 이스라엘 자손들이 서로에게 야훼의 축복을 기원하면서 더 이상 분쟁이 없고 평화롭게 지내는 모습을 보여주고 있습니다.

3) 평화로운 생활의 축복

또한 이스라엘의 자손들이 고국으로 돌아와 받게 될 축복은 평화로운 생활의 축복입니다. 본문은 "유다와 그 모든 성읍의 농부와 양떼를 인도하는 자가 거기에 함께 살리니"(24절)라고 말씀합니다. 여기서 "농부들"과 "양떼를 인도하는 자"는 고대 근동에서 경제의 근간이라고 할 수 있는 농업과 목축업에 종사하는 사람들을 가리킵니다. 그리고 "거기에 함께 살리니"라는 것은 서로 다른 업에 종사하면서 분쟁 관계였던 자들이 평화롭게 살아갈 것을 뜻합니다.

따라서 이것은 곧 남 유다와 북 이스라엘이 평화적인 관계로 회복된다는 말씀입니다. 이스라엘 백성들은 하나님께 범죄함으로 하나님과 원수가 되었습니다. 그리고 나라가 분열되어 서로 싸웠습니다. 하지만 그들의 신앙이 회복되자 분열되었던 나라가 회복될 뿐 아니라 고국으로 돌아가서 평화로운 생활의 축복을 누리게 되었습니다.

이와 같이 주님은 평화의 왕이십니다. 십자가에서 우리의 원수된 것을 소멸하신 예수 그리스도로 말미암아 평화의 축복이 여러분 삶에 임하시기를 바랍니다.

3. 주께서 피곤한 심령을 만족하게 하심(25-26절)

본문은 오랜 종살이에서 고국으로 돌아온 이스라엘 자손들이 평화로운 생활을 할 수 있는 이유를 밝힙니다. 그것은 바로 하나님께서 그들을 위로하고 돌보시기 때문입니다. 하나님의 특별한 위로와 격려로 그들은 포로 생활의 피곤함과 슬픔을 잊고 기업의 땅에서 평화롭게 살아갈 수 있게 된 것입니다.

1) 피곤한 심령을 상쾌하게 하심

이스라엘 자손들은 오랜 종살이로 인해 그 마음이 상하고 육체는 피곤했을 것입니다. 그들의 상태는 25절의 "그 피곤한 심령"이라는 표현에서 어느 정도 짐작이 가능합니다. 어쩌면 거의 회복 불가능한 상태였을지도 모릅니다.

그러나 성경은 그러한 의심을 잠재웁니다. 25절을 보면 "이는"이라는 단어로 시작합니다. 이것은 히브리어로 '키(כִּי)' 인데, '왜냐하면' 이라는 뜻으로 앞 절의 이유를 밝히는 접속사입니다. 그래서 문맥을 이어서 보면, 고국으로 귀환한 백성들이 평화롭게 새로운 삶을 시작할 수 있는 이유는 '하나님께서 그들의 피곤한 심령을 상쾌하게 하시기 때문' 이라는 뜻이 됩니다.

그리고 25절에서 두 번 나온 "심령" 이라는 단어는 원어로 '네페쉬(נֶפֶשׁ)' 인데, 생명의 근원이신 하나님께서 불어넣으시는 '생명의 호흡' 이라는 뜻입니다(창 2:7). 인간 존재의 근본이라 할 수 있는 이 영혼의 자리는 오로지 하나님만이 채울 수 있습니다. 하나님과의 바른 관계를 통해서만 채워지며 다른 것으로 채우려 한다면 공허감만 더할 뿐입니다.

그리고 "상쾌하게 하다"는 것은 메마른 땅에 물을 대서 그 땅을 촉촉이 적셔주는 것으로 하나님께서 사람의 영혼 깊은 곳의 갈망을 채워주는 것을 의미합니다.

하나님은 생명의 근원이십니다. 그래서 우리가 아무리 회복 불가능한 상태가 된다 하더라도 하나님께서는 우리 영혼을 상쾌하게 하시고 반드시 회복하실 수 있는 것입니다. 참으로 모든 인간의 상한 심령을 회복시켜 줄 수 있는 분은 하나님 한 분뿐임을 믿고 회복의 은총을 누리게 되시기를 바랍니다.

2) 연약한 심령을 만족하게 하심

하나님께서는 이스라엘 자손들에게 "모든 연약한 심령을 만족하게 할 것이라"고 약속하셨습니다. "연약한"은 크나큰 근심에 빠져 살 소망이 없는 마음의 상태를 말합니다. 그런데 하나님께서는 그런 사람의 심령도 충만하게 채워서 더 이상 바랄 것이 없을 정도로 만족하게 해주신다고 약속하셨습니다. 본문에 "만족하게 하였음이라"는 그릇이나 부대가 가득 채워진 상태나, 어떤 정해진 거주지에서 생명체가 충만하게 거하는 것을 의미합니다. 따라서 오랜 포로생활로 인해 지치고 낙담한 이스라엘 자손들의 마음과 그들의 텅 빈 영혼을 하나님께서 충만하게 채우셔서 만족하게 하실 것이라는 의미입니다.

성령님은 우리 연약함을 도우시는 보혜사이십니다. 그분께 여러분의 연약함을 모두 다 토로하십시오. 어떤 것으로도 채울 수 없었던 심령의 만족함을 얻게 되실 것입니다.

3) 단잠에서 깨어난 예레미야

예레미야는 단잠을 자고서 깨어났습니다. "내가 깨어보니 내 잠이 달았더라"(26절)라고 했습니다. 지금까지 이스라엘 자손들이 누리게 될 미래의 회복과 축복에 대한 하나님의 말씀이 모두 예레미야의 꿈이었던 것입니다.

이제 이방 나라의 종으로 끌려가는 이스라엘 자손들에게 그것은 완전히 꿈과 같은 일이었습니다. 하지만 예레미야는 단잠에서 깨어났다고 했습니다. 이는 그 꿈이 한낱 헛된 꿈에 불과한 것이 아니라 앞으로 반드시 일어날 예언적인 꿈이라는 사실을 나타내는 것입니다. 그와 동시에 예레미야의 단잠은 이스라엘 백성들이 고국으로 돌아갈 때 느끼게 될 심적인 만족감과 희망을 나타냅니다. 그들은 바벨론의 포로에서 해방되어 고국으로 귀환할 때 마치 꿈꾸는 것 같을 것입니다. 그리고 과거의 모든 시름과 고난도 마치 잠에서 깨면 다 잊어버리는 꿈처럼 여겨지게 될 것입니다.

"야훼께서 시온의 포로를 돌려 보내실 때에 우리는 꿈꾸는 것 같았도다"(시 126:1).

우리는 이 땅에서 꿈속에서 사는 것과 같습니다. 그리고 이 꿈에서 깨면 하나님께서 우리를 위하여 예비하신 놀라운 복을 누리는 천국에서의 삶을 살아가게 될 것입니다. 그때가 되면 우리는 꿈꾸는 것 같을지 모릅니다. 하지만 이제 그 천국의 삶이야말로 우리의 현실이 될 것입니다. 하나님께서 우리에게 그 은혜를 예비하셨습니다.

우리는 이 세상을 살아가면서 수많은 고난의 터널을 통과하게 됩니다. 그러나 목자 되신 주님과 함께 하면 걱정할 것이 없습니다. 우리를 쉴 만한 물가와 푸른 초장으로 이끄셔서 참된 안식과 만족함을 주시고 우리 영혼을 소생시키시기 때문입니다.

참된 안식과 마음의 흡족함을 얻는 것이야말로 진정 복된 삶이 아닐 수 없습니다. 그러기 위해서 옛 생활을 청산하고 늘 삶에 성경적인 분명한 푯대와 이정표를 정해 놓으시기 바랍니다. 그리고 목자 되신 주님과 동행하십시오. 때가 되면, 반드시 하나님께서 우리를 모든 고난 가운데서 건지시고 영혼의 참된 만족과 안식의 축복을 누리게 하실 것입니다. 그리고 이 땅의 삶을 성공적으로 마치고 저 천국에서 영원한 안식을 얻게 될 것입니다.

안식의 축복

예레미야는 온 이스라엘 자손들이 포로생활을 끝내고 약속의 땅으로 돌아와서 하나님께서 주시는 안식 가운데 평화롭게 살아가는 희망적인 꿈을 꾸었습니다.

1. 네가 전에 가던 길에서 돌아오라

참된 안식은 하나님께 돌아와야 얻을 수 있습니다. 이를 위해 하나님은 이정표를 세우고 성읍으로 돌아오라고 하셨는데, 그 이정표는 "전에 갔던 길을 마음에 두는 것" 입니다. 즉 하나님의 약속과 계명의 말씀이 그들의 길을 안내하는 이정표입니다. 이 말씀에 순종하면 메시야를 알게 되는 축복이 임할 것입니다.

2. 야훼의 축복이 임함

유다 백성에게 임할 축복은 거룩한 성 예루살렘 성전의 재건입니다. 이방 나라에 포로로 잡혀간 사람들에게 가장 큰 위로와 소망은 다시 고국으로 돌아가는 것입니다. 그리고 고국으로 돌아가서 받게 될 축복은 '신앙의 회복' 이며, 평화로운 생활의 축복입니다.

3. 주께서 피곤한 심령을 만족하게 하심

이스라엘이 평화로운 생활을 할 수 있는 이유는 하나님의 위로와 돌보심 때문입니다. 하나님께서 그들의 피곤한 심령을 상쾌하게 하시고, 연약한 심령을 만족하게 하실 것입니다. 또한 지금까지 이스라엘이 누리게 될 미래의 회복과 축복에 대한 하나님의 말씀은 비록 예레미야의 꿈이었지만, 반드시 이루어지고 성취될 것입니다.

참된 안식을 얻는 것이야말로 진정 복된 삶이 아닐 수 없습니다. 그러기 위해서 옛 생활을 청산하고 늘 삶에 성경적인 분명한 푯대와 이정표를 정해 놓으시기 바랍니다. 그리고 목자 되신 주님과 동행하십시오. 때가 되면, 반드시 하나님께서 우리를 모든 고난 가운데서 건지시고 영혼의 참된 만족과 안식의 축복을 누리게 하실 것입니다.

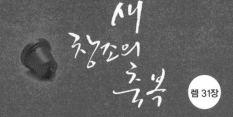

새 창조의 축복

렘 31장

1. 이스라엘에 생명의 씨를 심는 날(27절)
2. 이스라엘의 멸망과 회복(28절)
3. 거룩한 백성을 수확하시는 하나님(29-30절)

PART 9

수확의
축복

예레미야 31:27-30

새로운 창조의 축복 9 · 렘 31장

수확의 축복

예레미야 31:27-30

"야훼의 말씀이니라 보라 내가 사람의 씨와 짐승의 씨를 이스라엘 집과 유다 집에 뿌릴 날이 이르리니 깨어서 그들을 뿌리 뽑으며 무너뜨리며 전복하며 멸망시키며 괴롭게 하던 것과 같이 내가 깨어서 그들을 세우며 심으리라 야훼의 말씀이니 그 때에 그들이 말하기를 다시는 아버지가 신 포도를 먹었으므로 아들들의 이가 시다 하지 아니하겠고 신 포도를 먹는 자마다 그의 이가 신 것 같이 누구나 자기의 죄악으로 말미암아 죽으리라"(렘 31:27-30).

　　　　　이스라엘 자손들은 그들의 죄악으로 인하여 하나님의 엄중한 심판과 징계를 받았습니다. 주전 722년 북왕국 이스라엘은 앗수르에게 멸망당했고, 남왕국 유다는 주전 587년 바벨론에게 멸망당했습니다. 그 결과 많은 사람들이 죽고 포로로 끌려갔습니다. 그리고 감당할 수 없는 절망과 슬픔이 가득했습니다. 인간적인 생각으로 보면 전쟁 이후 폐허가 된 도시처럼 이스라엘 자손들은 재건의 소망이 전혀 보이지 않는 그런 상태웠습니다.

그러나 하나님께서는 절망과 슬픔 가운데 있는 이스라엘 자손들에게 완전히 새로운 회복을 약속하셨습니다. 그들의 뿌리까지 뽑으며 무너뜨리고 전복하고 멸망시키고 괴롭게 하셨던 것과 같이, 이제 그들을 다시 세우고 다시 심어서 완전히 새로운 이스라엘을 거두시겠다는 것입니다. 완전히 뿌리까지 뽑힌 이스라엘 자손들이 어떻게 다시 회복될 수 있습니까? 그것은 오직 하나님의 은혜와 하나님의 능력으로만 가능한 일이었습니다. 본문을 통해 우리가 살펴보고자 하는 수확의 축복이 바로 이것입니다. 작은 희망도 보이지 않는 삶이라 할지라도 하나님께서 그곳을 다시 가꾸시고 돌보시면 수확의 축복을 누릴 수 있습니다.

그러므로 분문을 통하여 하나님께서 어떤 과정을 거쳐서 이스라엘 자손들에게 수확의 축복을 누리게 하시는지 살펴볼 때, 이 말씀을 통하여 도전을 받으시고 삶 가운데 하나님의 놀라운 수확의 축복을 누리게 되시기를 주님의 이름으로 축원합니다.

1. 이스라엘에 생명의 씨를 심는 날(27절)

북왕국 이스라엘과 남왕국 유다가 강력한 이방 나라의 침공을 받아 멸망하는 과정에서 사람과 짐승이 크게 살육 당했고, 성읍들은 모두 황폐해졌습니다. 그러나 하나님께서는 이스라엘과 유다가 회복되는 날이 반드시 이르게 될 것이라고 약속하셨습니다. 그것은 생명의 씨앗을 뿌림으로 시작되는 회복이었습니다.

1) 이스라엘의 농부이신 하나님

하나님께서는 "이스라엘 집과 유다 집에 사람의 씨와 짐승의 씨를 뿌리시겠다"(27절)고 말씀하십니다. 하나님께서는 당신을 이스라엘의 농부로 소개하고 계십니다. 친히 이스라엘 자손의 농부가 되셔서 모든 것이 파괴되어 사람도 없고, 풀도 나지 않는 그 땅을 다시 사람이 살 수 있는 풍요로운 땅으로 회복하시겠다는 것입니다. 본문은 이것이 전적인 하나님의 계획이며 하나님이 주관하시는 일임을 말씀하고 있습니다.

하나님께서는 이 땅에 영적인 농사를 지으시는 분입니다. 마치 농부가 자신의 밭에 생명의 씨앗을 심듯이 하나님께서도 우리의 삶에 생명의 씨앗을 심는 것입니다. "우리는 하나님의 동역자들이요 너희는 하나님의 밭이요 하나님의 집이니라"(고전 3:9).

2) 사람의 씨와 짐승의 씨

본문에 나오는 "사람의 씨"에서 '씨'는 히브리어로 '제라(זֶרַע)'

라고 하는데, '씨, 씨 뿌림, 자손'을 의미합니다. 이스라엘의 자
손을 가리킬 때 사용되었으며, 무엇보다 하나님의 선민이 끊어지
지 않는 것을 강조할 때 자주 사용되었습니다. 따라서 27절은 파
괴된 약속의 땅에 새로운 사람의 씨를 뿌려서 그들을 보존하시고
끊어지지 않게 하시겠다는 약속이라고 할 수 있습니다. 그리고
'거룩한 씨앗을 심어서 완전히 새로운 자들을 일으키겠다', '이
스라엘 나라를 완전히 새롭게 재창조하겠다'는 의미라고 할 수
있습니다. 이것은 곧 이스라엘의 영적 갱신과 진보를 말합니다.

그리고 "짐승의 씨"는 재산과 생업을 의미합니다. 일차적으로
는 선민의 생업이 풍성할 것을 예언한 것이지만, 궁극적으로는
삶의 터전에 대한 포괄적인 회복을 말합니다.

하나님께서는 황폐해진 이스라엘 자손들의 삶에 다시 생명의
씨앗을 뿌려주셨습니다. 거룩한 사람의 씨를 뿌려서 거룩한 선민
을 탄생시키시고, 그 거룩한 선민들이 더욱 풍요롭게 살 수 있도
록 생명의 씨를 뿌려주신 것입니다.

3) 앞으로 도래하게 될 파종의 날

또한 본문은 "뿌릴 날이 이르리니"(27절)라고 말씀합니다. 이
것은 하나님께서 자기 백성을 포로생활에서 해방시켜서 그들의
고토로 돌이키시는 때가 있다는 것을 깨닫게 합니다. 그리고 그

때가 언제인지는 알 수 없지만 가까이 다가오고 있다는 희망을 전하고 있습니다. 27절에 나오는 "보라 … 날이 이르리니"를 직역하면 '보라 날들이 오고 있다'입니다. 이 표현은 장차 하나님께서 전혀 새로운 차원의 일을 성취하실 것과 그 일은 반드시 이루어질 것이라는 뜻을 나타냅니다. 이스라엘 백성들로 하여금 하나님께서 하실 일에 대해 더욱 확신과 기대를 갖게 하시기 위해서 이 말씀을 하신 것입니다.

그러나 유다는 이방 나라의 침공으로 다 멸망하고 무너진 상태였습니다. 그런데 어떻게 재건을 기대할 수 있습니까? 그것은 하나님께서 사람들을 남겨 두셨기 때문입니다. 겉으로 보기에 모든 것이 무너지고 아무것도 남지 않은 것 같았지만 하나님께서는 마치 농부가 파종을 위하여 씨앗을 남겨두는 것 같이 거룩한 종자를 남겨두셨던 것입니다. 그래서 앞으로 파종하는 날이 도래할 수 있는 것입니다.

이와 같이 누구든지 하나님을 아버지로 믿고 또 예수 그리스도를 구주로 영접하면 무너진 삶의 터전이 다시 회복되는 은혜를 누리게 됩니다. 어떻게 우리가 그러한 기적을 누릴 수 있습니까? 그것은 하나님께서 축복의 씨앗을 가지고 계시기 때문입니다.

2. 이스라엘의 멸망과 회복(28절)

하나님께서는 무수히 많은 세월 동안 음란과 우상숭배로 타락한 이스라엘 자손을 그 죄에서 돌이키시기 위해 끊임없이 선지자들을 보내셔서 책망하시고 심판을 경고하셨습니다. 하지만 끝내 그들은 그 죄악을 버리지 못하고 그 뿌리까지 썩어버리고 말았습니다. 결국 하나님께서는 마치 생명의 근원까지 뽑아 버리듯이 그들을 심판하셨습니다.

그러나 하나님께서는 그때 그들의 뿌리까지 뽑으며 멸망시키고 괴롭게 하셨던 것과 같이, 이제는 그들을 다시 세우고 심겠다고 말씀하십니다. 이스라엘을 다시 회복시키시겠다는 것입니다. 그들이 당한 고난을 생각할 때 이것은 이해하기 어려운 내용입니다. 그러나 죄악으로 인하여 그 뿌리까지 썩어버린 이스라엘 자손을 생각할 때 우리는 이스라엘에 대한 하나님의 심판과 회복을 이해할 수 있습니다. 그들을 다시 하나님께 합당한 백성으로 회복하기 위해서는 그것이 최선의 방법이었던 것입니다.

1) 뿌리까지 뽑힌 이스라엘

하나님의 심판은 마치 생명의 근원인 뿌리까지 뽑아내듯 이스라엘의 존재 자체를 완전히 사라지게 하는 것 같았습니다. 28절에 나오는 "깨어서"라는 말은 히브리어로 '샤카드(שָׁקַד)' 인데, 이것은 잠을 자지 않고 각성한 상태를 말합니다. 마치 파수꾼이 밤새 깨어서 파수하듯이 하나님께서 그들의 죄악을 두루 살펴서 열심히 징계하셨다는 것입니다.

그런데 본문에는 하나님께서 이스라엘을 그렇게 철저히 심판 하실 수밖에 없었던 이유도 나옵니다(28절). "괴롭게 하다"는 히 브리어로 '라아(רָעַע)' 인데, 이는 나쁘고 악한 모든 것을 가리킵 니다. 즉 바람직하지 않은 것, 직면하고 싶지 않은 것, 육체와 정 신을 해롭게 하는 것, 선한 것과는 조금도 관계가 없는 것, 속히 제거해 버려야 할 것들을 지칭합니다. 따라서 하나님께서 이스라 엘을 무섭게 징계하실 수밖에 없었던 이유는 거룩한 선민이었던 이스라엘의 뿌리가 죄악으로 말미암아 다 썩어버렸기 때문입니 다. 그래서 마치 농부가 식물에 썩은 가지가 있으면 잘라내기도 하고, 새로운 씨앗을 심기 위해 썩은 뿌리를 뽑아 버리듯이, 하나 님께서는 이스라엘 백성들에게 있는 죄악의 근원을 뿌리 뽑으신 것입니다.

2) 깨어서 파종하시는 하나님

이스라엘 자손이 하나님의 심판을 받아 모든 것을 잃고 멸망을 당한 가운데 하나님께서는 북왕국 이스라엘과 남왕국 유다의 재건과 회복을 말씀하셨습니다.

28절을 보면 하나님께서는 "내가 깨어서 그들을 세우며 심으리라"고 말씀하십니다. 심판하실 때와 마찬가지로 회복시키실 때에도 뜨거운 열심을 내실 것을 약속하시는 것입니다. 그러나 이 것은 당시 이스라엘 자손들에게는 그들이 겪은 절망과 고난을 생각할 때 이해하기 어려운 내용이었습니다. 그렇지만 그보다 더 이해할 수 없는 것은 어떻게 완전히 파괴된 나라가 회복될 수 있느냐는 것이었습니다.

그런데 하나님께서는 이스라엘 자손의 회복을 위하여 거룩한 씨를 남겨 두셨습니다. "내가 이르되 주여 어느 때까지니이까 하였더니 주께서 대답하시되 성읍들은 황폐하여 주민이 없으며 가옥들에는 사람이 없고 이 토지는 황폐하게 되며 야훼께서 사람들을 멀리 옮기셔서 이 땅 가운데에 황폐한 곳이 많을 때까지니라 그 중에 십분의 일이 아직 남아 있을지라도 이것도 황폐하게 될 것이나 밤나무와 상수리나무가 베임을 당하여도 그 그루터기는 남아 있는 것 같이 거룩한 씨가 이 땅의 그루터기니라 하시더라"(사 6:11-13). 마치 농부가 나중을 위해 종자를 남겨두듯이 하나님께서는 이스라엘을 완전히 멸절하지 아니하시고 거룩한 씨, 곧 거룩한 백성들을 남겨두셨던 것입니다. 하나님께서 남겨 놓으신 거룩한 백성들로 인해 이스라엘은 다시 회복될 수 있었던 것입니다.

3) 뽑을 때와 심을 때

하나님께서는 당신의 백성들이 잘못된 길을 가고 있으면 반드시 매를 드시고 징계하십니다. 하지만 농부가 식물의 상태를 보고 뽑을 것은 뽑고, 병든 것은 치료하며, 씨앗을 심을 시기가 되면 새로운 씨앗을 심듯이, 하나님께서는 우리를 때리시기도 하지만 때린 후에는 싸매어 주시고 상한 마음을 위로해 주시기도 하십니다.

이 세상을 살아가다 보면 병들 때가 있습니다. 그러나 하나님께서 다시 치료하실 때가 있습니다. 그리고 고난을 당할 때가 있지만, 그 고난의 시기가 다 지나고 나면 하나님께서 축복하시는 때가 다가옵니다. 그래서 성경은 "범사에 기한이 있고 천하 만사가 다 때가 있나니 날 때가 있고 죽을 때가 있으며 심을 때가 있고 심은 것을 뽑을 때가 있으며 죽일 때가 있고 치료할 때가 있으며 헐 때가 있고 세울 때가 있으며"라고 말씀합니다(전 3:1-3).

3. 거룩한 백성을 수확하시는 하나님(29-30절)

29-30절은 하나님께서 새롭게 심으신 거룩한 백성들의 특징을 보여주고 있습니다. 포로기 시대의 백성들은 자신들이 당하는

고난을 조상들의 죄와 그들의 탓으로 돌렸습니다. 그러나 포로기 이후 예루살렘으로 귀환한 백성들은 그들의 고난에 대해 전혀 다른 태도를 보입니다. 자신들의 죄를 깨닫고 하나님의 징계를 모두 자신들의 책임으로 돌리는 성숙한 백성들이 되었기 때문입니다. 하나님께서는 심판과 징계를 통해 선민으로서 합당한 거룩한 백성들을 수확하셨습니다. 결국, 하나님께서 거두신 수확은 이스라엘의 열매이자 그들이 누리는 축복이 되었습니다.

1) 신 포도에 관한 이스라엘 속담

29절에 나오는 "아버지가 신 포도를 먹었으므로 아들들의 이가 시다"는 말은 포로기 시대 이스라엘 자손들이 즐겨 쓰던 속담이었습니다(겔 18:2). "이가 시다"는 말은 신 포도를 너무 많이 먹어서 감각이 무뎌지고 얼얼해진 상태를 말합니다. 따라서 이 속담은 아버지가 신 포도를 먹었는데 아들의 이가 감각이 무뎌질 정도로 얼얼하고 시다는 것입니다. 당시 이스라엘 자손들은 자신들의 고난을 조상 탓으로 생각하고 심히 부당한 것으로 여겼습니다. 그래서 이 속담을 인용하면서 이런 말을 자주 했던 것으로 생각됩니다. "우리가 애쓰고 분투하는 것이 무슨 소용이 있어? 이미 우리 조상들이 죄를 지었는데 우리는 조상들이 지은 죄 값을 대신 치르고 있는 것뿐이다."

이처럼 유다에 남아 있었던 백성들뿐 아니라 바벨론에 포로로 잡혀간 백성들 사이에서도 절망과 체념의 정서가 광범위하게 퍼져 있었습니다. 비참한 운명에 안주하면서 절망하느라 자신의 죄악을 보지 못한 것입니다. 그러나 그들의 원망은 그들을 징계하시고 고난을 주신 하나님을 향한 원망이었습니다.

2) 자신의 죄를 깨닫는 백성들

포로기 이후 예루살렘으로 귀환한 선민들은 자신들이 포로지에서 고난을 당한 이유는 자신들도 조상들과 같은 길로 행하고 똑같이 범죄했기 때문이라는 사실을 깨닫게 됩니다.

29절은 그러한 변화가 그들이 사용하는 속담에서 나타나게 될 것을 말씀합니다. "그 때에 그들이 말하기를 다시는 아버지가 신 포도를 먹었으므로 아들들의 이가 시다 하지 아니하겠고." 이스라엘 자손들이 자신들의 죄를 깨닫고 다시는 그 속담을 사용하지 않게 된다는 것입니다.

그리고 전혀 다른 속담이 생겨나게 될 것입니다. "신 포도를 먹는 자마다 그의 이가 시다." 이는 '누구나 자기의 죄악으로 말미암아 죽으리라' 는 뜻으로써 이미 모세가 이스라엘 백성들에게 전해 주었던 하나님의 율법입니다. "아버지는 그 자식들로 말미암아 죽임을 당하지 않을 것이요 자식들은 그 아버지로 말미암아 죽임을 당하지 않을 것이니 각 사람은 자기 죄로 말미암아 죽임을 당할 것이니라"(신 24:16). 결국 본문은 포로기 이후의 백성들은 모세의 율법을 깨닫는 거룩한 백성이 된다는 예언이라고 할 수 있습니다.

3) 새로운 수확의 축복

하나님께서는 이스라엘을 징계하심으로 그들의 죄성을 뿌리 뽑으시고 거룩한 씨를 그 땅에 다시 심으셨습니다. 그리고 마침내 새로운 심령을 가진 거룩한 백성들을 풍성하게 수확하셨습니다. 이것은 다름 아닌 하나님께서 일으키신 이스라엘의 영적 갱신과 진보를 말합니다. 하나님은 죄악으로 인하여 완전히 타락해 버린 이스라엘 백성을 결단코 버리지 않으시고 새로이 고치시고 변화시키셨습니다.

이와 같이 우리도 죄악으로 인해 마음이 무디어졌다면 영적 갱신이 일어나야 합니다. 날마다 죄와 피 흘리는 데까지 믿음의 싸움을 싸워야 합니다. 마귀가 던져주는 잘못된 씨앗은 절대로 허용하지 말아야 합니다. 영적 갱신을 위하여 우리는 무엇보다 하나님의 말씀을 깊이 묵상하고 마음에 담아서 그것으로 주님과 대화해야 합니다. 그럴 때 우리는 성령님과 동행하는 삶을 살게 되고 성령의 열매를 풍성하게 수확하게 될 것입니다.

본문을 통하여 우리는 이스라엘 자손들에게 약속된 수확의 축복에 대하여 살펴보았습니다. 이는 사실 세상적인 눈으로 보면 별로 대단한 축복이 아니라고 할 수도 있습니다. 세상의 눈으로 보면 거룩한 백성답게 사는 것은 별로 매력적이지 않기 때문입니다. 그러나 이 축복을 영적인 눈으로 보면 정말 놀라운 축복입니다. 먹물로 더럽혀진 옷을 다시 희게 만드는 것처럼 과거에 지었던 모든 죄를 깨끗이 지워버리고 새롭게 거룩한 삶을 기록해 나가는 것은 정말 기적 같은 일입니다. 이것은 절대로 인간의 노력으로는 이룰 수 없습니다. 오직 예수 그리스도의 십자가 대속만이 이것을 이룰 수 있으며, 오늘도 우리 가운데 역사하시는 성령님의 도우심이 있기에 가능한 일입니다.

그러므로 사랑하는 성도 여러분, 성령님을 의지하여 여러분의 삶에 뿌려진 말씀의 씨가 더욱 자라나게 하십시오. 이전에는 죄가 가득했던 삶이지만 그곳에 새로운 말씀의 씨가 뿌려지고 풍성한 거룩함이 수확되는 놀라운 복을 누리게 될 것입니다. 그러면 여러분의 영혼이 잘될 것이며 더불어 범사가 잘되고 강건하게 될 것입니다.

수확의 축복

하나님께서는 절망과 슬픔 가운데 있는 이스라엘에게 완전히 새로운 회복을 약속하셨습니다. 이제 그들을 다시 세우고 다시 심어서 완전히 새로운 이스라엘을 거두시겠다는 것입니다. 완전히 뿌리까지 뽑힌 이스라엘 자손들이 어떻게 다시 회복될 수 있습니까?

1. 이스라엘에 생명의 씨를 심는 날

하나님께서는 이스라엘과 유다가 회복되는 날이 반드시 이르게 될 것이라고 약속하셨습니다. 이스라엘의 농부이신 하나님이 친히 그 땅을 다시 사람들이 살 수 있는 풍요로운 땅으로 회복시키시고, 사람의 씨와 짐승의 씨를 뿌려서 완전히 새롭게 재창조하실 것입니다.

2. 이스라엘의 멸망과 회복

하나님께서 이스라엘을 그렇게 철저하게 심판하실 수밖에 없었던 이유는 무엇입니까? 거룩한 선민이었던 이스라엘의 뿌리가 죄악으로 인해 다 썩어버렸기 때문입니다. 뿌리까지 뽑아버리고 새로운 씨앗을 심어야 했습니다. 하나님께서는 자녀가 잘못된 길을 가면 징계하시지만 그 후에는 싸매주시고 상한 마음을 위로해 주시는 분이십니다.

3. 거룩한 백성을 수확하시는 하나님

하나님께서 새롭게 심으신 거룩한 백성들의 특징을 보여줍니다. 하나님께서는 심판과 징계를 통하여 거룩한 백성들을 수확하셨습니다. 고국으로 돌아온 선민들은 자신들이 고난당한 이유가 조상들과 같은 길로 행하고 범죄했기 때문이라는 사실을 깨닫고, 하나님께 돌아가는 신앙의 회복이 일어나게 됩니다.

 그러므로 성령님을 의지하여 우리 삶에 뿌려진 말씀의 씨가 더욱 자라나게 하십시오. 이전에는 죄가 가득했던 삶이지만 그곳에 새로운 말씀의 씨가 뿌려지고 풍성한 거룩함이 수확되는 놀라운 복을 누리게 될 것입니다. 그러면 영혼이 잘될 것이며 더불어 범사가 잘되고 강건하게 될 것입니다.

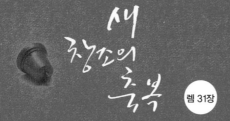

새
창조의
축복

(렘 31장)

PART 10

새 언약의
축복

예레미야 31:31-34

새 언약의 축복

예레미야 31:31-34

●

"야훼의 말씀이니라 보라 날이 이르리니 내가 이스라엘의 집과 유다 집에 새 언약을 맺으리라 이 언약은 내가 그들의 조상들의 손을 잡고 애굽 땅에서 인도 하여 내던 날에 맺은 것과 같지 아니 할 것은 내가 그들의 남편이 되었어도 그들이 내 언약을 깨뜨렸음이니라 야훼의 말씀이니라 그러나 그날 후에 내가 이스라엘 집과 맺은 언약은 이러하니 곧 내가 나의 법을 그들의 속에 두며 그들의 마음에 기록하여 나는 그들의 하나님이 되고 그들은 내 백성이 될 것이라. 야훼의 말씀 이니라. 그들이 다시는 각기 이웃과 형제를 가리켜 이르기를 너희는 야훼를 알라 하지 아니하리니 이는 작은 자로부터 큰자까지 나를 알기 때문이라. 내가 그들의 악행을 사하고 다시는 그 죄를 기억하지 아니하리라 야훼의 말씀이니라"(렘 31:31-34).

오늘날 성도들은 참 좋은 시대를 타고 났습니다. 그것은 바로 새 언약의 시대에 태어났기 때문입니다. 예수 그리스도께서 오시기 전에는 유대인의 때라 이방인들은 하나님의 선택에서 제외된 시기였습니다. 만일 우리가 그 시대에 한국에서 태어났으면 예수님을 알지 못하고 복음도 접하지 못했을 것입니다.

그러나 예수 그리스도께서 오신 이후로는 은혜의 시대요, 복음의 시대입니다. 예수님을 믿는 자들마다 하나님의 자녀가 되는 은혜를 주실 뿐 아니라, 오직 믿음으로 말미암아 의롭다 하심을 받은 아브라함의 복이 이방인에게까지 미치게 하신 것입니다. 또한 예수님께서는 우리가 생명의 말씀을 잊지 않고 잘 따를 수 있도록 보혜사 성령님을 보내주셨습니다. 성령님은 믿는 자들 안에 영원토록 함께 거하실 뿐 아니라 예수님의 말씀을 기억나게 해주십니다. 하나님의 계명을 돌 판에 새겨 주시는 것이 아니라 생명의 성령의 법을 마음 판에 새겨 주시는 새 언약의 시대인 것입니다. 그러므로 본문을 통하여 새 언약의 축복에 대하여 살펴볼 때, 이 말씀이 오늘날 우리를 향한 하나님의 약속임을 깨닫고 그 축복을 넘치도록 누리게 되시기 바랍니다.

1. 새 언약의 필요성(31-32절)

하나님께서는 이방 나라의 포로가 된 이스라엘 자손들에게 새 언약을 맺는 날이 도래할 것을 약속하셨습니다. 옛 언약이 파기되었기 때문에 새 언약을 맺겠다는 것입니다. 그러면 파기된 옛 언약은 무엇입니까? 그것은 곧 이스라엘 자손들이 출애굽 한 후에 시내산에서 하나님과 맺은 언약을 말합니다. 그래서 옛 언약을 '시내산 언약'이라고도 부릅니다. 이 언약은 이스라엘 자손들의 불순종으로 인해 파기되고 말았습니다. 하지만 하나님께서는 그들과 다시 새 언약을 맺으실 것을 약속하십니다.

1) 돌 판에 새긴 옛 언약

하나님께서는 새 언약을 소개하기에 앞서 이스라엘과 이전에 맺었던 언약을 비교하여 말씀하십니다. "이 언약은 내가 그들의 조상들의 손을 잡고 애굽 땅에서 인도하여 내던 날에 맺은 것과 같지 아니할 것"(31절). 새 언약은 옛 언약과 전혀 다른 것이라는 말씀입니다. 그렇다면 무엇이 다르다는 것입니까? 새 언약이 무엇인지 알기 위해서는 먼저 이스라엘과 맺은 옛 언약이 무엇인지 알아야 합니다.

하나님께서는 이스라엘 백성들을 430년간 종살이 하던 애굽에서 이끌어 내신 후, 시내산에 이르러서는 그들을 구원하신 목적을 말씀하셨습니다. "… 너희가 내 말을 잘 듣고 내 언약을 지키면 너희는 모든 민족 중에서 내 소유가 되겠고 너희가 내게 대하여 제사장 나라가 되며 거룩한 백성이 되리라…"(출 19:4-6). 하나님의 말씀과 언약을 잘 지키면 제사장 나라요, 거룩한 백성이 된다는 것입니다.

하나님과 이스라엘 백성들이 맺은 이 언약은 준행 여부에 따라 상벌이 주어지도록 약속된 것이기 때문에 '행위 언약'이라고도 합니다. 옛 언약은 하나님의 율법을 '준행하느냐?' 아니면 '준행하지 않느냐?'에 따라서 상과 벌이 나누어지고, 생명과 죽음이 나누어지고, 축복과 저주가 나누어지게 됩니다. 그리고 이 언약은 이스라엘의 출애굽 세대뿐만 아니라 그 후손들까지 대대로 지켜야 할 언약입니다.

2) 옛 언약을 깨뜨린 이스라엘

모세가 시내산에서 40일 동안 내려오지 않자 이스라엘 자손들은 마음이 불안해서 견딜 수가 없었습니다. 그러자 백성들은 아론에게 우리를 인도할 신을 만들어 달라고 요구합니다. 아론은 힘없이 그들의 요구를 들어줍니다. 금과 은과 패물을 가져오라고 지시하여 그것으로 금송아지를 만들고 백성들로 하여금 죄를 짓게 만든 것입니다. 이것을 본 모세가 분노하여 돌 판들을 산 아래로 던져서 돌 판이 깨어졌습니다(출 32:19). 이 사건은 옛 언약이 이스라엘 자손의 불순종으로 깨어진 것을 의미합니다.

하나님께서는 "내가 그들의 남편이 되었어도 그들이 내 언약을 깨뜨렸음이라"고 말씀하십니다(32절). 여기서 "남편"은 '주인'의 의미를 갖고 있습니다. 따라서 '하나님은 이스라엘 자손에 대하여 주인의 신분을 갖게 된 남편'으로 이해할 수 있습니다. 이와 같이 하나님과 이스라엘 자손은 결혼관계를 맺었습니다. 하나님은 이스라엘의 주인이자 남편이었고, 이스라엘은 하나님을 결코 배반해서는 안되는 법적인 아내였습니다. 그러나 이스라엘 자손들은 일관되게 하나님을 배반하고 그 뜻을 거역했습니다. 하나님은 그들의 손을 붙잡고 인도하시며 변함없는 사랑으로 대하셨지만, 그들은 여전히 불순종함으로 언약을 깨뜨린 것입니다.

3) 새 언약을 작정하신 이유

이스라엘 자손은 옛 언약을 파기함으로 멸망하였으나 그것으로 끝난 것이 아니었습니다. 하나님께서는 새로운 방법을 모색하셨습니다. 31절은 27절과 똑같이 "보라 날이 이르리니"로 시작합니다. 직역하면 '보라 날이 오고 있다'는 뜻으로, 새로운 언약을 맺는 날이 온다는 예언입니다. 하나님께서 이스라엘 자손과 새로운 언약을 맺기로 작정하신 것입니다.

하나님께서 그들과 새로운 언약을 맺기로 작정하신 이유는 인간의 한계와 연약함을 아셨기 때문입니다. 인간은 아담과 하와의 범죄 이후로 본성이 타락하여서 철저히 무능력한 존재가 되었습니다. 스스로의 힘으로는 결코 하나님의 법을 온전히 준행할 수 없게 된 것입니다. 또한 율법은 사람들의 죄를 깨닫게 하고 자신의 무능력함을 깨닫게는 하지만 율법을 지킬 수 있는 능력은 주지 못했습니다. 이것이 바로 옛 언약의 한계인 것입니다.

결국 하나님께서는 율법을 행할 수 없는 인간의 연약함과 옛 언약의 한계로 말미암아 인간이 죄에서 구원받을 수 없다는 것을 아시고, 옛 언약과는 전혀 다른 새로운 차원의 언약을 맺기로 작정하신 것입니다.

2. 새 언약의 특징(33절)

하나님께서는 인간의 한계와 옛 언약의 한계를 극복하기 위해 이스라엘과 새로운 언약을 맺기로 작정하셨습니다. 이는 언약의 갱신입니다. '새 언약'의 가장 큰 특징은 돌 판이 아닌 심비(心碑)에 새겨지는 법이라는 것입니다. 하나님께서는 새 언약을 통하여 옛 언약 때 이루지 못한 목적을 이루고 이스라엘과 언약관계를 회복하기로 작정하셨습니다.

궁극적으로 새 언약은 예수 그리스도의 구원 사역과 성령의 역사를 통하여 성취되는 것입니다. 하나님께서는 우리로 하여금 죄를 용서받고 신실하게 하나님의 법을 따를 수 있는 길을 열어 주셨습니다.

1) 마음에 기록하는 법

하나님께서는 "곧 내가 나의 법을 그들의 속에 두며 그들의 마음에 기록하여"(33절)라고 말씀하십니다. 새 언약이 가지는 첫 번째 특징은 돌 판이 아니라 마음에 기록하는 법이라는 것입니다. 마음에 새긴다는 것은 옷을 열고 가슴에 글을 적어 넣는 것이 아닙니다. 우리 영혼 속에 하나님의 법을 각각 새겨 주시는 것을 뜻합니다.

그리고 이러한 새 언약은 공간적인 제약을 뛰어넘었습니다. 옛 언약은 돌 판에 새겨서 예루살렘 성전이라는 한정된 공간 안에 있었습니다. 그러나 마음 판에 말씀을 새김으로써 하나님의 백성이 있는 곳이라면 어디든 하나님의 말씀이 그들과 함께 하게 되었습니다. 옛 언약은 이스라엘 자손들에게만 주어졌지만, 새 언약은 예수 그리스도를 믿는 모든 자들에게 주어지게 된 것입니다.

새 언약이 가지는 두 번째 특징은 용서입니다. 옛 언약은 인간의 행위에 따라 공정하게 심판이 행해졌습니다. 하지만 인간은 본질상 의를 행할 수 없기 때문에 옛 언약이 아무리 공정해도 진노 아래 머물 수밖에 없었습니다. 그래서 새 언약은 인간의 죄를 용서함으로, 영생에 이를 수 있도록 한 것입니다.

2) 하나님과 이스라엘의 관계 회복

또한 하나님께서는 "나는 그들의 하나님이 되고 그들은 내 백성이 될 것이라"(33절)고 말씀하십니다. 이는 새 언약을 통하여 하나님과 이스라엘의 언약 관계가 회복된다는 것입니다. 그런데 새 언약은 출애굽 시절, 이스라엘 조상들에게 주셨던 옛 언약과 그 내용이 같습니다. "너희를 내 백성으로 삼고 나는 너희의 하나님이 되리니"(출 6:7).

이와 같이 하나님께서 동일한 약속을 그 후손들에게 주신 이유는 원래 목적을 이루지 못했기 때문입니다. 본문을 통하여 하나님께서는 애초에 이루시고자 했던 목적을 반드시 완수할 것이라는 강력한 의지를 천명하셨습니다. 이스라엘과 깨어진 관계를 회복하시겠다는 것입니다.

새 언약은 마음에 새기는 법이자 용서의 법으로 이스라엘의 불순종과 배역함을 고치고, 그들과의 관계를 회복할 수 있는 완전한 법입니다. 하나님께서는 이러한 새 언약을 통하여 이스라엘을 신실한 언약백성으로 다시 세우시고, 이스라엘의 진정한 하나님이 되실 것입니다. 나아가 그들로 하여금 거룩한 삶을 살게 하셔서 세계만방에 하나님의 백성임을 나타내실 것입니다.

3) 그 날 후에 맺을 새 언약

그리고 하나님은 "그러나 그 날 후에 내가 이스라엘 집과 맺을 언약은 이러하니"(33절)라고 말씀하십니다. 여기서 "그날 후"란 일차적으로는 이스라엘 나라가 회복되는 날 이후를 말하며, 궁극적으로는 메시야가 도래하는 신약 시대를 가리킵니다.

신약 시대에 하나님께서는 약속대로 새 언약을 성취할 독생자 예수 그리스도를 이 땅에 보내주셨습니다. 은혜와 진리로 충만하신 거룩한 말씀을 육신으로 보내셨습니다. 예수님께서는 하나님의 뜻에 순종하시고 스스로 십자가에 오르셨습니다. 그리고 그 위에서 온갖 수치와 모욕을 받으시고 온 몸의 물과 피를 다 쏟으셨습니다. 인류의 모든 죄악을 짊어지고 하나님의 심판을 받으신 것입니다. 그리고 삼 일 만에 죽음에서 부활하신 예수님께서는 약속하신대로 보혜사 성령님을 보내주셨습니다. 오순절날 마가의 다락방에 각 심령에 불같은 성령으로 임하시고, 그들은 근본적으로 변화되었습니다. 이것이 바로 그 날 후에 맺으신 새 언약입니다.

3. 새 언약의 축복(34절)

새 언약 시대에는 성령님의 내적인 역사를 통하여 사람들이 하나님을 알게 됩니다. 하나님을 아는 지식이 충만해지기 때문에 사람들에게 하나님에 대해서 가르칠 필요가 없어집니다. 이것은 결코 하나님을 가르치는 목사나 교사가 불필요하다는 말씀이 아닙니다. 이것은 성령의 역사를 통하여 하나님을 인격적으로 알게 되고 친밀한 관계를 누리게 된다는 의미입니다. 또한 새 언약 시대에는 죄 사함 받는 은혜를 누리게 됩니다. 이것이 바로 새 언약 안으로 들어온 성도들이 누리게 될 축복입니다.

1) 야훼를 아는 지식이 충만한 시대

옛 언약이 지배하던 시대는 사람들이 하나님을 인격적으로 만나지 못함으로 하나님에 대한 지식이 없었습니다. 하나님을 제대로 알지 못하므로 그 뜻을 반복적으로 어길 수밖에 없었습니다. 그래서 제사장들이나 선지자들은 그들에게 '야훼를 알라' 는 메시지를 거듭 강조해야만 했습니다(호 6:3). 그러나 새 언약 시대는 더 이상 그런 말을 할 필요가 없습니다. 예수 그리스도의 구속 사역과 성령의 강권적 역사를 통하여 야훼를 인격적으로 알고 그와 친밀한 관계를 가질 수 있게 되었기 때문입니다. 야훼를 아는 지식으로 충만한 시대가 된 것입니다.

34절에 보면, "그들이 다시는 각기 이웃과 형제를 가리켜 이르기를 너는 야훼를 알라 하지 아니하리니"라고 말씀합니다. 여기서 "알다"라는 단어는 '야다(יֶדַע)' 라는 히브리어로, 관계에 대한 앎을 말합니다. 이는 눈에 보이는 것만 아는 피상적인 앎이 아니라 인격적이고 체험적인 앎, 생생하고 확실한 앎을 나타내는 표현입니다. 하나님과 이스라엘 자손들이 이처럼 깊은 인격적 관계 속에서 서로를 아는 것을 나타내고 있는 것입니다.

따라서 새 언약 안에 들어온 성도는 하나님을 단순히 지적인 앎이 아니라, 체험적인 앎을 통해서 알게 됩니다. 야훼의 뜻에 대하여 전폭적으로 순종하는 삶을 통하여 야훼의 사랑과 은혜를 체험하고 야훼를 더 분명히 알게 되는 것입니다.

2) 율법을 가르칠 필요가 없어짐

또한 하나님께서는 "이는 작은 자로부터 큰 자까지 다 나를 알기 때문이라"(34절)고 말씀하십니다. 이는 남녀노소 빈부귀천을 막론하고 하나님을 알게 되므로 더 이상 가르칠 필요가 없어진다는 의미입니다. 요엘 선지자가 예언했듯이 이것은 마지막 때, 성령의 역사를 말하는 것입니다. "이는 곧 선지자 요엘을 통하여 말씀하신 것이니 일렀으되 하나님이 말씀하시기를 말세에 내가 내 영을 모든 육체에 부어 주리니 너희의 자녀들은 예언할 것이요 너희의 젊은이들은 환상을 보고 너희의 늙은이들은 꿈을 꾸리라 그 때에 내가 내 영을 내 남종과 여종들에게 부어 주리니 그들이 예언할 것이요"(행 2:16-18).

3) 죄악을 용서받는 은혜

그리고 하나님께서는 "내가 그들의 악행을 사하고 다시는 그 죄를 기억하지 아니하리라 야훼의 말씀이니라"(34절)고 말씀하십니다. 하나님께서는 새 언약을 통하여 죄악을 용서받는 은혜를 주셨습니다. 이것은 그 무엇으로도 살 수 없는 은혜요, 가장 큰 축복입니다.

하나님의 말씀을 따라 살고 죄를 짓지 않는 것은 인간의 의지와 결단으로는 불가능합니다. 오직 자기의 옛 본성을 부인하는 가운데 내주하신 성령님의 능력을 의지할 때 가능한 것입니다. 긍휼이 풍성한 하나님께서는 우리의 죄를 사하시고 죄를 기억하지 않기를 원하십니다. 예수님 앞에 나아와 죄 사함을 받고 죄를 기억하지 않으시는 은혜를 누리게 되시기를 바랍니다.

구약의 성도들은 하나님의 율법을 알고도 죄를 범할 수밖에 없었습니다. 돌에 새겨진 옛 언약의 한계와 인간의 타락한 본성 때문입니다. 그러나 신약의 성도들은 예수 그리스도의 십자가의 은혜와 성령의 내주하심으로 말미암아 새 언약의 축복을 받게 되었습니다. 모든 죄를 용서받고 그 죄를 기억하지 않으시는 은혜를 누릴 뿐 아니라 나아가 하나님의 법이 마음 깊은 곳에 새겨져서 하나님의 뜻을 기쁘게 따를 수 있게 된 것입니다. 성령님 안에서 하나님을 체험적으로 아는 지식이 충만해지고 새 언약의 모든 축복을 누리게 되시기를 바랍니다.

새 언약의 축복

지금은 하나님의 계명을 돌 판에 새겨 주시는 것이 아니라 생명의 성령의 법을 마음 판에 새겨 주시는 새 언약의 시대입니다.

1. 새 언약의 필요성

하나님은 이방 나라의 포로가 된 이스라엘 자손에게 새 언약을 맺는 날이 도래할 것을 약속하셨습니다. 옛 언약이 파기되었으니 새 언약을 맺겠다는 것입니다. 돌 판에 새긴 옛 언약을 잘 지키면 생명과 축복이 주어지지만 이스라엘은 불순종함으로 이 옛 언약을 깨뜨렸습니다. 그래서 하나님은 옛 언약과는 전혀 다른 새로운 언약을 맺기로 작정하셨습니다.

2. 새 언약의 특징

이 새 언약을 특징은, 먼저 돌 판이 아닌 마음에 기록하고 새긴 법이라는 것입니다. 두 번째 특징은 용서입니다. 하나님은 새 언약을 통해 하나님과 이스라엘의 언약 관계가 회복되기를 원하셨습니다.

3. 새 언약의 축복

새 언약 시대에는 성령님의 내적인 역사를 통해 사람들이 하나님을 알게 됩니다. 새 언약 시대에는 야훼를 아는 지식이 충만하고, 율법을 가르칠 필요가 없어지고, 죄악을 용서받는 은혜가 넘칠 것입니다.

구약의 성도들은 하나님의 율법을 알고도 돌에 새겨진 옛 언약의 한계와 인간의 타락한 본성 때문에 죄를 범할 수밖에 없었습니다. 그러나 신약의 성도들은 예수 그리스도의 십자가의 은혜와 성령의 내주하심으로 말미암아 새 언약의 축복을 받게 되었습니다. 성령님 안에서 하나님을 체험적으로 아는 지식이 충만해지고 새 언약의 모든 축복을 누리게 되시기를 바랍니다.

새
창조의
축복 렘 31장

1. 자연 만물에 나타난 하나님의 사랑(35절)
2. 이스라엘을 향한 하나님의 사랑(36절)
3. 측량할 수 없는 하나님의 사랑(37절)

PART 11

영원한
사랑의 축복

예레미야 31:35-37

새로운 창조의 축복 11 · 렘 31장

영원한 사랑의 축복

예레미야 31:35-37

●

"야훼께서 이와 같이 말씀하셨느니라 그는 해를 낮의 빛으로 주셨고 달과 별들을 밤의 빛으로 정하였고 바다를 뒤흔들어 그 파도로 소리치게 하나니 그의 이름은 만군의 야훼니라 이 법도가 내 앞에서 폐할진대 이스라엘 자손도 내 앞에서 끊어져 영원히 나라가 되지 못하리라 야훼의 말씀이니라 야훼께서 이와 같이 말씀하시니라 위에 있는 하늘을 측량할 수 있으며 밑에 있는 땅의 기초를 탐지할 수 있다면 내가 이스라엘 자손이 행한 모든 일로 말미암아 그들을 다 버리리라 야훼의 말씀이니라."(렘 31:35-37).

시간이 지나도 절대로 변하지 않았으면 좋겠다고 생각하는 것들이 있습니다. 그중에 하나가 바로 사랑입니다. 사랑하는 연인들은 그들의 사랑이 영원히 변치 않기를 바랍니다. 그리고 사람들은 다들 그렇게 변치 않는 사랑을 만나기를 소원합니다. 많은 사람들이 로미오와 줄리엣을 영원한 사랑의 모델로 손꼽습니다. 하지만 이는 그들의 사랑이 서로 뜨겁게 사랑하다가 헤어졌기 때문일 것입니다. 아마 그들이 평범한 부부가 되어서 부부싸움을 하는 것을 보았다면, 그들을 두고 영원한 사랑이라고 말하지도 않을 것이며, 사람들의 로망이 되지도 못했을 것입니다.

사랑이 변하듯 사람은 겉모습도 변모해 가고, 마음도 얼마든지 변할 수 있습니다. 환경이 바뀌면 사정도 생기고, 그러면 사람의 마음은 변덕을 부릴 수 있는 것입니다. 언제는 좋았다가 언제는 싫증을 내고, 속마음까지 내놓으려 했다가도 등을 돌리는 것이 사람입니다. 또 은혜를 입은 사람이 뒤에서 비수를 꽂을 때도 종종 있습니다.

이처럼 사람의 마음은 변하지만 영원히 변하지 않는 것이 있습니다. 그것은 바로 인간을 향한 하나님의 사랑입니다. 천지가 다 변해도 하나님의 말씀은 변하지 않는 것 같이 우리를 사랑하시는 하나님의 사랑의 언약은 영원히 견고합니다. 사실 하나님께서는 이스라엘을 멸하고 새로운 나라를 택해 언약을 맺으실 수도 있었습니다. 그러나 하나님께서는 새로운 언약의 대상을 찾는 대신 일방적으로 언약을 파기한 이스라엘과 새로운 언약을 맺기로 작정하셨습니다. 그들을 끝없이 사랑하셨기 때문입니다. 본문은 그러한 하나님의 사랑의 위대함을 자연 만물에 비교하여 표현하고 있습니다. 선민을 버리지 않고 다시 용서하고 품으시는 하나님의 영원한 사랑과 축복에 대해 살펴볼 때, 하나님의 영원한 사랑을 깨달으시고 그 영원한 사랑의 축복을 풍성하게 누리게 되시기 바랍니다.

1. 자연 만물에 나타난 하나님의 사랑(35절)

본문은 하나님의 은총과 주권이 불변하는 자연의 질서에 나타나 있음을 묘사합니다. 하늘의 해와 달과 별들이 그 자리에서 자신의 사명을 다합니다. 바다는 끊임없이 파도를 치고 움직입니다. 비는 하늘에서부터 내려서 온 대지를 적십니다. 이처럼 온 우주와 땅의 창조세계가 태초부터 지금까지 일정한 규칙을 따라서 운행하고 있는 것은 모든 자연 만물이 하나님의 주권 아래에 있기 때문입니다. 본문은 이러한 사실을 통하여 결국 인간을 향한 하나님의 끝없는 사랑을 깨닫게 하고, 하나님의 주권 아래에 있는 선민의 삶이 어떠해야 하는지 교훈하고 있습니다.

1) 자연 만물을 주신 은총

태초에 하나님께서 천지를 창조하셨습니다. 그런데 하나님께서는 혼자만 감상하기 위해서 이 웅장하고 멋진 자연을 만드신 것이 아닙니다. 자연 만물을 다 창조하신 후 마지막 날에 사람을 창조하신 것은 하나님께서 그 좋은 자연을 사람과 함께 누리기 위해서 만드신 것입니다.

본문을 보면 "그는 해를 낮의 빛으로 주셨고"(35절a)라고 했습니다. 하나님께서 빛을 누군가에게 수여했다는 말씀입니다. 빛의 근원이신 하나님께서 자신에게 해를 수여하신 것은 아닐 것입니다. 하나님께서는 해 아래 있는 모든 피조물들을 위하여 해를 주신 것입니다. 여기서 "주셨고"는 히브리어로 '나탄(נתן)'인데, 그 단어를 능동분사형으로 기록하여 '하나님께서 계속 그렇게 하고 계시다'는 뜻을 갖고 있습니다. 즉 태초부터 지금까지 인간에게 자연을 주셨다는 것입니다. 하나님께서는 모든 사람들에게 태초부터 지금까지 자연의 은총을 베풀어 주고 계십니다. 낮에는 여러 가지 창조적인 일들을 할 수 있도록 밝은 해로 비춰주시고, 달과 별들로 밤하늘을 아름답게 비춰 주셨습니다. 이 뿐 아니라 하나님께서는 땅과 바다에 있는 동식물 등을 통하여 사람들이 많은 혜택을 얻고 살아가게 하셨습니다.

2) 자연 만물에 정하신 법칙

인간이 자연 만물의 혜택을 받고 살아갈 수 있는 것은 하나님께서 자연에 정하신 법칙 때문입니다. 본문에 "달과 별들을 밤의 빛으로 정하였고"(35절b)라고 말씀합니다. 여기서 "정하였고"는 법규, 법령, 조례, 의무 등을 정하는 것을 의미합니다. 따라서 하나님께서 자연에 일정한 질서와 법칙을 정하셨다는 것으로 해석할 수 있습니다.

자연 만물은 오직 하나님께서 정해 놓으신 법칙에 따라서 운행

합니다. 이것은 달리 말하자면, 자연이 하나님께서 정하신 법칙에 순응한다는 것입니다. 이와 같이 자연이 하나님께서 정하신 법칙에 따라 운행할 때 하나님이 보시기에도 좋고, 사람이 보기에도 참 아름다워 보입니다.

3) 자연을 주관하시는 만군의 야훼

또한 본문에서는 하나님께서 광대한 우주와 바다의 창조주이실 뿐 아니라, 주관자이심을 밝히고 있습니다. 이러한 사실은 지난 날 이방 나라의 영향을 받아서 하늘의 일월성신을 신적인 존재로 받들고 숭배했었던 이스라엘 백성들의 잘못을 지적하고, 죄를 깨닫게 했을 것입니다. 그리하여 다시금 창조주 하나님에 대한 신앙을 견고하게 세워주었을 것입니다.

본문을 보면 "바다를 뒤흔들어 그 파도로 소리치게 하나니 그의 이름은 만군의 야훼니라"(35절c)고 했습니다. 이것을 직역하면 '하나님께서 바다를 흔들어서 파도 소리가 나게 하셨다' 입니다. 바다가 파도치는 것마저도 바다 스스로 하는 것이 아니라, 하나님께서 주관하시는 일이라는 사실을 말씀하는 것입니다. 이를 통해 하나님께서는 자신을 자연의 주관자로 소개하셨고, 궁극적으로 이스라엘의 주관자라는 사실을 교훈하시려는 것입니다.

"바다가 소리친다"는 것은 바다를 의인화한 표현으로서, 바벨론의 포로가 되어서 고통 속에서 소리치는 이스라엘 자손을 묘사한 것입니다. 이와 같이 이스라엘이 고통 속에서 소리치게 된 것은 하나님께서 바다를 뒤흔들듯 바벨론 왕국을 격동시키셨기 때문입니다. 물론 이스라엘의 죄악으로 그런 심판을 받게 된 것이지만 그 모든 것은 하나님의 주권 아래에서 이루어진 것입니다. 인간의 자력에 의해서 세계의 역사가 움직여지는 것 같지만 그렇지 않습니다. 하나님은 인간이 감히 헤아릴 수 없는 선하신 뜻을 가지고 모든 나라를 통치하고 계십니다.

따라서 우리는 하나님의 선하심을 믿어야 합니다. 선하신 뜻을 품고 모든 자연 만물을 포함하여 우리를 다스리시며 사랑을 베풀어 주고 계신 것을 믿어야 하는 것입니다. 그리고 믿는다면 하나님의 뜻에 순종하고 따라야 합니다.

2. 이스라엘을 향한 하나님의 사랑(36절)

하나님은 앞서 불변하는 자연의 법칙들을 열거하시면서 이스라엘을 향한 사랑이 변치 않을 것이라는 확신을 주셨습니다. 그리고 36절에서는 더욱 강한 어조로 그 사랑을 표현하십니다. 불변하는 자연 법칙과 같이 이스라엘과 맺은 사랑의 언약은 결단코 깨어질 수 없다는 것입니다. 결국, 불변하는 하나님의 사랑의 언약은 이스라엘을 바벨론의 포로에서 회복하시고 다시 번성케 하시는 역사로 나타났습니다.

그러나 이 사랑의 언약은 이스라엘 나라에 국한된 것이 아닙니다. 궁극적으로 메시야를 통하여 성취될 하나님의 영원한 나라를 말씀합니다. 곧 예수 그리스도를 통하여 아브라함의 복이 이방인에게 미치게 하고 그로 말미암아 세워질 신약의 교회를 말하는 것입니다. 하나님의 영원한 나라는 예수 그리스도의 반석 위에 세워진 교회를 통하여 성취될 것입니다.

1) 폐하지 않는 야훼의 법도

하나님께서는 "이 법도가 내 앞에서 폐할진대 이스라엘 자손도 내 앞에서 끊어져 영원히 나라가 되지 못하리라"(36절)라고 말씀하십니다. 여기서 "이 법도"라는 것은 무엇입니까? 앞 절에서 언급한 여러 자연 법칙들을 말합니다. 즉 해가 낮의 빛이 되고, 달과 별이 밤의 빛이 되며, 바다에 파도가 치는 것입니다. 그래서 36절을 직역하면 '이 자연 법칙이 폐한다면, 이스라엘 자손도 내 앞에서 끊어져서 영원히 나라가 되지 못할 것이다' 가 됩니다. 그런데 이것이 하나님께서 이스라엘 자손을 끊어버리겠다는 말씀입니까? 아닙니다. 그러면 자연 법칙을 사람이 폐할 수 있습니까?

결단코 아닙니다. 폐할 수 없는 자연 법칙들과 같이 이스라엘 백성도 하나님 앞에서 끊어지지 않고, 영원한 나라가 될 것이라는 말씀을 강하게 표현한 것입니다.

하나님께서 이스라엘 백성들과 맺은 불변의 언약은 결혼 서약과 같습니다. 신랑과 신부가 성경 위에 손을 얹고 영원한 사랑을 서약하는 것과 같은 것입니다. 그래서 하나님께서는 결혼은 사람이 깰 수 없다고 말씀하신 것입니다(마 19:6).

이렇듯 비록 인간의 사랑과 언약은 불완전하지만 하나님의 사랑과 언약은 완전합니다. 천지는 없어질지언정 하나님의 말씀은 없어지지 않고 반드시 이루어집니다. 하나님께서 이스라엘과 맺은 사랑의 언약도 영원한 것입니다.

2) 이스라엘의 회복과 번성

하나님께서 이스라엘과 맺으신 사랑의 언약은 결국 이스라엘 나라의 회복과 번성으로 나타났습니다. 이스라엘은 하나님 앞에서 끊임없이 범죄하고 하나님을 노엽게 하였습니다. 그로 인하여 하나님의 심판을 받아 바벨론의 포로가 되었는데, 하나님께서는 그러한 이스라엘 자손을 결단코 끊어버리지 않고 영원한 나라가 되게 하시겠다고 선언하셨습니다.

그런데 이 언약은 본래 아브라함부터 시작되었습니다. 아브라함 한 사람이 아니라 당시 아브라함 안에 있었던 이스라엘 자손들과 함께 맺은 언약입니다(창 12:1-3). 그리고 하나님께서는 아브라함과의 언약을 신실하게 지키셨습니다. 그를 통하여 이스라엘을 번성케 하신 것입니다. 나아가 이스라엘 나라를 멸망시키지 않고 보존하신 것을 볼 때, 하나님께서 아브라함과 맺은 언약은 자손대대로 이루신 영원한 언약인 것입니다.

이스라엘의 범죄함에도 불구하고 그들을 버리지 않으시고 회복하고 보존하셨듯이, 하나님께서는 오늘날의 선민들도 새 언약의 울타리 안에서 영원히 보존하고 견고히 세우십니다.

3) 하나님의 영원한 나라

하나님께서 이스라엘을 다시 회복하시고 보존하신 이유는 궁극적으로 영원한 하나님의 나라를 세우시기 위함입니다. 36절에서 "나라"라는 단어는 히브리어로 '고이(גוי)'인데, 그와 비슷한 '암(עם)'이라는 단어보다 확장된 표현으로 쓰입니다. 즉 이방인을 내포한 개념입니다. 하나님이 아브라함과 맺으신 언약에서 '민족'과 같은 단어이며(출 12:2), 시내산에서 이스라엘과 맺으신 언약에서 '백성'과도 같은 단어입니다(출 19:6).

하나님께서는 아브라함을 믿음의 조상으로 부르셨을 때, 믿음으로 따르는 그를 의롭게 여기시고 땅의 모든 민족이 그로 말미암아 복을 얻게 되리라는 약속을 주셨습니다. 이것은 하나님께서 그 아들을 이 땅에 보내심으로 성취되었습니다. 곧 예수 그리스도를 믿는 자마다 아브라함의 자손이 되고 아브라함의 복을 받게 하신 것입니다.

이제 하나님의 백성의 자리가 이스라엘에서 그리스도를 믿는 모든 자들에게로 확장되었습니다. 하나님께서는 이 땅에 예수 그리스도의 몸 된 교회를 세우시고 그 교회를 통하여 하나님의 백성들을 모으고 계십니다. 만세 전부터 내 백성으로 삼으신 자들로 하여금 그 아들의 형상을 본받게 하기 위하여 동서사방에서 불러내시는 것입니다.

3. 측량할 수 없는 하나님의 사랑(37절)

하나님께서는 자신의 사랑을 우주와 자연 세계의 크기에 비교하여 말씀하셨습니다. 이러한 하나님의 사랑은 인간이 감히 측량할 수 없는 무한대의 사랑입니다.

이스라엘 백성들도 비록 인간이 가진 본질적인 한계로 인하여 하나님의 사랑을 측량할 수 없었지만, 하나님께서는 오히려 그들이 가진 한계와 연약함으로 인해 그들을 완전히 버리지 않으셨습니다. 그들이 진토임을 기억하시고 용서하신 것입니다. 그리고 하나님께서는 그들을 향한 사랑을 그 아들 예수 그리스도를 통해서 확증하셨습니다.

1) 인간의 본질적인 한계

하나님께서는 "위에 있는 하늘을 측량할 수 있으며 밑에 있는 땅의 기초를 탐지할 수 있다면 내가 이스라엘 자손이 행한 모든 일로 말미암아 그들을 다 버리리라"(37절)라고 말씀하십니다. 이 것을 직역하면, '인간이 하나님께서 창조하신 우주와 자연 만물의 무한성을 측량할 수 있다면 이스라엘이 행한 죄악으로 말미암아 그들을 완전히 버리시겠다'는 것입니다.

그러면 이 말씀이 이스라엘을 버리시겠다는 말입니까? 아닙니다. 인간이 하나님께서 창조하신 우주의 무한성을 측량한다는 것이 불가능한 것처럼 하나님께서 언약의 백성을 버리는 것도 결단코 불가능한 일이라는 말씀입니다.

2) 이스라엘을 향한 하나님의 사랑

하나님께서는 이스라엘 백성들이 행한 죄악에도 불구하고 그들을 버리지 않으셨고, 신실하게 그들을 회복시키셨습니다. 그들이 행한 죄악으로 말미암아 하나님의 사랑이 더욱 극대화되어 드러난 것입니다. 결국, 하나님께서 37절을 통해 말씀하시고자 하는 바도 그것입니다. 이스라엘이 하나님 앞에서 행한 죄악은 너무나 크지만 하나님의 사랑의 크기와는 결코 비교할 수 없다는 것입니다. 이스라엘이 행한 엄청난 죄악으로도 그들을 향한 하나님의 사랑은 막을 수 없었습니다. 하나님께서는 본 절을 통하여 인간의 본질적인 한계와 죄악을 상기시킬 뿐 아니라 선민을 영원한 사랑으로 붙드실 것을 선언하셨습니다.

3) 영원히 함께 하는 사랑

그리스도께서 세우신 새 언약 안에 가입된 성도들은 성령님을 통하여 하나님과 영원히 함께 하는 사랑 안에서 살아가게 됩니다. 진정 예수 그리스도의 구속의 은혜로 구원받은 성도들, 곧 그리스도를 삶의 주인으로 모시며 살아가는 성도들은 그 안에 내주하시는 성령님을 잠깐 근심하게 할 수 있을지는 몰라도 하나님께서는 자기 자녀를 결단코 버리지 않으십니다. 예수님은 우리에게 영원히 함께 하는 사랑을 약속하시고 성령님을 통하여 확증하셨습니다. "내가 세상 끝 날까지 너희와 항상 함께 있으리라"(마 28:20).

온 우주와 세계가 질서정연하게 돌아가는 그 신묘막측한 조화는 인간을 향한 하나님의 사랑의 결정체입니다. 이 뿐 아니라 불의하고 추악한 우리를 그리스도의 피로 값 주고 사신 그 사랑의 깊이는 너무 깊어, 우리는 영원토록 그 하나님의 사랑을 다 측량하지 못할 것입니다. 그러므로 성령님 안에서 예수 그리스도와 항상 동행하고 영원한 사랑의 축복을 다 누리며 살아가시기를 바랍니다. 이 세상의 그 어느 것도 우리를 하나님의 사랑에서 끊을 수 없을 것입니다. "누가 우리를 그리스도의 사랑에서 끊으리요 환난이나 곤고나 박해나 기근이나 적신이나 위험이나 칼이랴 기록된 바 우리가 종일 주를 위하여 죽임을 당하게 되며 도살 당할 양 같이 여김을 받았나이다 함과 같으니라 그러나 이 모든 일에 우리를 사랑하시는 이로 말미암아 우리가 넉넉히 이기느니라 내가 확신하노니 사망이나 생명이나 천사들이나 권세자들이나 현재 일이나 장래 일이나 능력이나 높음이나 깊음이나 다른 어떤 피조물이라도 우리를 우리 주 그리스도 예수 안에 있는 하나님의 사랑에서 끊을 수 없으리라"(롬 8:35-39).

영원한 사랑의 축복

천지가 다 변해도 하나님의 말씀은 변하지 않는 것 같이 우리를 사랑하시는 하나님의 사랑의 언약은 영원히 견고합니다. 본문은 하나님의 사랑의 위대함을 자연 만물에 비교하여 표현하고 있습니다.

1. 자연 만물에 나타난 하나님의 사랑

하나님의 은총과 주권이 불변하는 자연의 질서에 나타나 있습니다. 해를 낮의 빛으로 주셨고, 달과 별들을 밤의 빛으로 정하셨습니다. 그리고 하나님께서 자연에 정하신 법칙에 따라 운행하게 하셨습니다. 이처럼 우주 만물을 주관하시는 분은 만군의 야훼 하나님이십니다.

2. 이스라엘을 향한 하나님의 사랑

하나님은 불변하는 자연 법칙과 같이 이스라엘과 맺은 사랑의 언약은 결코 깨어질 수 없다는 확신을 주셨습니다. 하나님이 이스라엘과 맺으신 사랑의 언약은 결국 이스라엘 나라의 회복과 번성으로 나타났습니다. 하나님이 이스라엘을 다시 회복하시고 보존하신 이유는 궁극적으로 영원한 하나님의 나라를 세우시기 위함입니다.

3. 측량할 수 없는 하나님의 사랑

하나님의 사랑은 인간이 감히 측량할 수 없는 무한대의 사랑입니다. 그리스도가 세우신 새 언약 안에 가입된 성도들은 성령님을 통하여 하나님과 영원히 함께 하는 사랑 안에서 살아가게 됩니다.

 온 우주와 세계가 질서정연하게 돌아가는 그 신묘막측한 조화는 인간을 향한 하나님의 사랑의 결정체입니다. 이 뿐 아니라 불의하고 추악한 우리를 그리스도의 피로 값 주고 사신 그 사랑의 깊이는 너무 깊어, 결코 다 측량하지 못할 것입니다. 그러므로 성령님 안에서 예수 그리스도와 항상 동행하고 영원한 사랑의 축복을 다 누리며 사시기를 바랍니다.

새 창조의 축복

렘 31장

PART 12

새로운
건축의 축복

예레미야 31:38-40

새로운 건축의 축복

예레미야 31:38-40

●

"보라, 날이 이르리니 이 성은 하나넬 망대로부터 모퉁이에 이르기까지 야훼를 위하여 건축될 것이라 야훼의 말씀이니라 측량줄이 곧게 가렙 언덕 밑에 이르고 고아로 돌아 시체와 재의 모든 골짜기와 기드론 시내에 이르는 모든 고지 곧 동쪽 마문의 모퉁이에 이르기까지 야훼의 거룩한 곳이니라 영원히 다시는 뽑거나 전복하지 못할 것이니라"(렘 31:38-40).

땅의 축복으로 시작된 이스라엘 회복에 대한 예레미야의 예언은 이제 예루살렘 재건의 축복으로 마무리됩니다. 예레미야 선지자가 이 하나님의 말씀을 전할 때에는 아직 예루살렘 성읍이 바벨론 군대에 의해 파괴되기 전입니다. 하지만 예레미야 선지자는 새롭게 재건될 예루살렘을 바라보면서 선포하고 있습니다.

그런데 왜 하나님께서는 나라의 멸망을 앞두고 있는 유다 백성들에게 회복의 메시지를 주신 것일까요? 그것은 바벨론에 의하여 성읍이 파괴되는 모습을 보게 될 때, 그들이 낙담하지 않게 하시기 위함이었습니다. 나라를 잃고 성읍이 파괴되는 것은 죄악에 대한 징계이지 결코 그들을 멸망시키려는 것이 아니기 때문입니다.

이처럼 새로운 건축의 축복은 절망적인 상황 속에 놓인 하나님의 백성들에게 다시 소망을 주기 위해서 하신 약속입니다. 그리고 삶의 터전을 회복시키시고 그곳에 새롭고 멋진 삶을 다시 건축하시는 하나님의 솜씨를 보게 하는 약속입니다. 본문을 통해서 하나님께서 어떻게 이 새로운 건축을 이루어 가시며, 구체적으로 무엇을 만들어 가시는지 깨닫고 이 새로운 건축의 축복이 삶 가운데 넘치게 되시기 바랍니다.

1. 새롭게 재건될 예루살렘(38절)

38절은 "보라, 날이 이르리니"라는 말로 시작합니다. 앞서 도입 공식문장으로 여러 번 언급되었던 말입니다. 하나님께서는 다시 이 말을 사용하여서 이스라엘 백성들로 하여금 "날"에 집중하게 하셨습니다. 여기서 "날"은 예루살렘 성읍을 재건하는 날입니다. 이로 인해 이스라엘의 불확실한 미래에 확실한 꿈과 희망이 생겼습니다.

하나님께서는 예루살렘의 재건을 막연하게 말씀하지 않았습니다. 구체적인 지명들을 언급하면서 예루살렘 회복이 확정된 사실임을 알리셨습니다. 그런데 이러한 예루살렘의 건축은 이스라엘 백성뿐만이 아니라 하나님을 위한 재건이었습니다. 하나님을 위한 건축이라는 점에서 본문 말씀은 우리에게 하나님을 향한 더 확실한 신뢰를 줍니다.

1) 사람이 살 수 있는 성읍

바벨론에 의하여 멸망당한 유다는 그 성읍들이 파괴되고 훼손되었습니다. 인적, 물적 피해로 인하여 나라가 다시 세워지고 회복된다는 것은 완전히 불가능한 일이었습니다.

그러나 하나님께서는 "야훼를 위하여 건축될 것이라"(38절b)라고 말씀하십니다. "건축될 것이라"는 말은 '세우다, 재건하다'는 의미입니다. 그리고 관용적으로는 '자손을 번성케 하다' 라는 의미가 있습니다. 따라서 이는 이스라엘 나라가 인적, 물적 자원들이 회복되어 사람이 살 수 있는 성읍으로 완전히 회복된다는 것입니다.

여러분, 이방 나라에 의하여 완전히 멸망당하고 파괴되어 주민도 없고, 성읍도 그 형체조차 없어진 나라가 어떻게 다시 재건되고 세워질 수 있습니까? 그것은 오직 하나님의 능력으로만 가능한 것입니다. 스가랴 4장 6절은 이렇게 말씀합니다. "그가 내게 대답하여 이르되 야훼께서 스룹바벨에게 하신 말씀이 이러하니라 만군의 야훼께서 말씀하시되 이는 힘으로 되지 아니하며 능력으로 되지 아니하고 오직 나의 영으로 되느니라." 예루살렘의 재건은 이스라엘 백성들의 힘과 능력으로는 결단코 불가능한 일이었습니다. 그러나 그들은 야훼의 능력을 힘입어 다시 위대한 나라를 세우게 되었습니다. 성읍이 다시 건축되고 민족들이 번성하여서 사람이 살기 좋은 나라가 된 것입니다.

2) 예루살렘 재건의 의미

하나님께서는 예루살렘 성읍 재건을 지명을 사용하여 매우 구체적으로 말씀하셨습니다. 38절에 나오는 "하나넬 망대"는 예루살렘 성벽 북편의 군사 요충지에 있었던 망대인데, 예루살렘 성읍 전체를 조망할 수 있는 곳입니다. 그리고 "모퉁이 문"은 예루살렘 성벽의 서북쪽에 있는 문을 가리킵니다. 주로 대적들이 북쪽에서부터 공격하여 왔기에 방어에 있어서 이 부분이 가장 중요했습니다. 따라서 "하나넬 망대로부터 모퉁이 문까지"라는 것은 대적에 의하여 무너진 예루살렘 성읍이 완전히 복구된다는 의미입니다. 예루살렘 성읍 전체를 새로 건축하여서 이스라엘 나라를 다시 세우시고 백성들을 보호하시겠다는 하나님의 강한 의지가 담겨 있는 것입니다.

그리고 이 "하나넬 망대"는 포로 귀환 후 예루살렘 성벽 재건 사역을 다루는 느헤미야서에 언급되고 있습니다(느 3:1; 12:39). 그런데 이 사건은 단순히 역사적인 의미만이 아니라 마지막 때에 하나님이 성취하실 일과도 관련이 있습니다. 여기에는 하나님의 새로운 백성과 새로운 예루살렘을 향한 하나님의 비전이 숨어 있는 것입니다.

3) 야훼를 위한 재건

예루살렘 성읍이 재건됨으로 이스라엘 백성들은 고향 땅에서 다시 하나님을 섬기며 살아갈 수 있게 되었습니다. 따라서 예루살렘 성이 재건된 본래 목적은 이스라엘 자손들을 위한 것이라고 할 수 있습니다.

그러나 본문은 예루살렘 성이 "야훼를 위하여 건축될 것이라"(38절b)고 말씀합니다. 하나님께서는 왜 예루살렘의 재건이 야훼를 위한 것이라고 말씀하셨습니까? 이는 예루살렘의 영광을 회복하고 죄에서 떠난 거룩한 백성들과 함께 그곳에 거하는 것이 하나님의 바람이기 때문입니다. 이렇게 새롭게 회복된 예루살렘은 궁극적으로 하나님께서 내주하실 교회를 상징합니다. 예수 그리스도로 말미암아 마귀에게 사로잡힌 백성들을 해방시켜서 그 죄악을 말갛게 씻으시고 그들 안에 성령님으로 내주하시는 것입니다. 따라서 예수 그리스도를 통한 교회의 회복은 야훼 하나님을 위한 것입니다. 지금도 야훼 하나님을 위하여 이루어지고 있습니다.

2. 거룩한 백성으로의 회복(39-40절a)

예루살렘 성은 그야말로 시체와 재로 가득한 땅이었습니다. 모두 파괴된 땅, 결코 소망을 가질 수 없는 회복 불가능한 땅이었습니다. 그러나 하나님께서는 이스라엘 백성들에게 예루살렘의 회복에 대한 분명한 확신과 소망을 심어주십니다. 마치 건축가가 새집을 짓기 위하여 먼저 집터의 길이를 측량하듯이 이스라엘 땅을 측량하신 것입니다. 그리고 하나님께서는 그 땅을 거룩한 땅이라 선포하십니다. 이처럼 하나님이 예루살렘 성읍을 재건하기 위하여 거룩한 땅의 경계를 정하시고 측량하신 것은 궁극적으로 이스라엘을 거룩한 백성으로 세우시기 위함이었습니다.

1) 시체와 재의 모든 골짜기

"시체와 재의 모든 골짜기"(40절a)는 소위 '힌놈의 골짜기' 또는 '도벳' 으로 불리는 곳입니다(렘 19:11-13; 왕하 23:10). 이곳은 예루살렘 남서부에 위치한 골짜기로 이스라엘 자손들은 이곳에서 자기 아들들을 우상에게 희생 제사로 드렸으며, 각종 쓰레기를 소각하였습니다. 그래서 불에 타는 시체의 냄새와 각종 썩은 냄새가 진동하였고, 계속해서 불이 타올랐습니다. 이 때문에 그곳을 매우 부정한 곳으로 여겼으며, 신약성경에서는 이를 음역한 '게헨나(γέεννα)'를 지옥으로 칭하기까지 했습니다.

그런데 본문에서 하나님께서는 시체와 재로 가득한 힌놈의 골짜기를 "야훼의 거룩한 곳"(40절b)이라고 선언하십니다. 그리고 예루살렘 성읍 동편에 있던 "기드론 시내"와 성읍의 동남쪽 곧 성전 부근에 있던 "마문(馬門)"도 "야훼의 거룩한 곳"이라고 선언하십니다.

성전 부근에 있던 마문이 야훼의 거룩한 땅이라는 것은 이해할 수 있지만, 시체와 재로 가득한 힌놈의 골짜기를 야훼의 거룩한 곳이라는 것은 이해하기가 어렵습니다. 이것은 인간으로서는 이해할 수 없는 하나님의 크신 사랑과 용서에 근거한 능력이라고 할 수 있습니다. 이것을 볼 때 우리는 아무리 불결한 땅도, 또한 더럽고 추악한 죄인들도 하나님은 회복하기를 원하신다는 사실을 알 수 있습니다.

2) 예루살렘을 측량하신 하나님

하나님께서는 백성들에게 이스라엘 재건에 대한 확신을 주시기 위하여 구체적인 행동으로 나타내 보이셨습니다. "측량줄"(39절)은 건축과 토목 일에서 거리를 재거나, 담과 벽의 수직 여부를 가늠하는 데 사용되는 기구입니다(렘 31:39; 슥 2:1). 이 측량줄이 "곧게 가렙 언덕 밑에 이르고 고아" 방면으로 돌았다는 것은 하나님께서 측량줄로 이스라엘 땅을 측량하셨다는 것입니다. 그 땅이 버려질 것 같고 아무런 계획이 없으면 측량할 이유가 없습니다. 그러나 하나님께서는 이스라엘을 반드시 회복하고 재건하실 계획을 갖고 계셨던 것입니다.

그리고 "가렙 언덕"과 "고아"는 성경에서 이곳에만 나타나는 지명으로 구체적으로 어디를 가리키는 것인지 알 수 없습니다. 다만 38절의 "하나넬 망대"와 "모퉁이 문"이 예루살렘 성읍 북쪽 경계선과 관련이 있고, 40절이 성읍의 남쪽 및 동쪽과 관련이 있는 것으로 볼 때, 가렙 언덕과 고아는 예루살렘 성읍의 서쪽과 관련이 있는 것으로 추정할 수 있습니다.

이렇게 본다면 이스라엘은 회복의 때에 예루살렘 성읍 북쪽과 서쪽, 남쪽과 동쪽에 이르기까지 전체적으로 대대적인 재건 사역이 펼쳐진다는 것입니다. 그리고 이렇게 지명하신 곳에 대하여 하나님은 "야훼의 거룩한 곳"이라고 선언하십니다. 야훼의 성지,

예루살렘을 거룩한 곳으로 변화시키겠다는 것입니다. 무엇으로 이런 변화가 가능합니까?

그것은 바로 야훼의 "측량줄"입니다. "측량줄"은 아모스서와 스가랴서에서는 '다림줄'로 나오는데, 하나님의 심판 행위와 관련해 자주 등장했습니다(암 7:7-8; 슥 4:10). 따라서 야훼의 측량줄은 공의로우신 하나님의 말씀을 상징합니다. 말씀을 심판의 도구로 삼으셔서 이스라엘을 징계하시고 거룩한 백성들로 변화시키시는 것입니다.

3) 야훼의 거룩한 땅, 예루살렘

하나님께서는 이스라엘 사람들이 아주 불결하게 여기는 부정한 땅까지도 "야훼의 거룩한 곳"이라고 선언하셨습니다. 여기에서 "거룩한 곳"으로 번역된 히브리어 '코데쉬(קֹדֶשׁ)'는 '속된 것으로부터 완전히 분리되어 야훼의 쓰심을 위해 거룩하게 바쳐지는 것을 의미합니다.

예루살렘 성은 이전에는 하나님의 영광스러운 성지였으나, 당시로서는 결코 거룩한 땅이라고 할 수 없었습니다. 따라서 이것은 "앞으로 예루살렘의 모든 곳들을 야훼 앞에서 거룩한 곳으로 변화시킬 것이다. 심지어 가장 부정하고 더러운 곳, 저주받은 곳으로 여겨지는 곳까지도 예외 없이 거룩한 곳으로 변모시킬 것이

다"라는 약속인 것입니다.

3. 영원한 나라, 새 예루살렘(40절b)

하나님께서는 이스라엘 백성들에게 다시는 무너지지 않는 영원한 나라에 대한 약속을 주셨습니다. 그것은 메시야를 통하여 새 언약 위에서 세워질 교회와 하나님 나라에 대한 약속입니다. 눈에 보이는 예루살렘 성은 다시 세운다고 해도 또 허물어지고 파괴될 수 있습니다. 하지만 우리를 위하여 하늘나라에 건축되고 있는 새 예루살렘 성은 영원히 무너지지 않을 것입니다. 영원한 새 예루살렘 성은 야훼 하나님을 위하여 반드시 이루어질 것입니다.

1) 영원히 전복되지 않는 나라

40절 하반절에 나오는 "뽑는다"와 "전복하다"는 모두 예레미야의 사명 위임문에 사용된 단어입니다(렘 1:10). 이 단어들은 장차 이스라엘에 임할 암울한 심판의 의미로 사용되었습니다. 그러나 본 절에서는 강한 부정을 나타내는 '로(לֹא)'라는 단어와 함께 쓰여서, 이제는 절대로 그러한 심판이 없을 것을 약속하고 있습니다. 하나님의 심판이 없고, 다시는 무너지지 않는 영원한 나라를 세우시겠다는 것입니다.

이것은 새 언약이신 예수 그리스도 위에 세우실 나라, 곧 교회에 대한 약속입니다. 누구든지 예수 그리스도가 하나님의 아들이신 것과 내 죄를 대신하여 십자가에서 하나님의 심판을 받은 것을 믿고 자기 죄를 자백하면 하나님은 그의 죄악을 다시는 기억하지 않으십니다. 그리스도의 대속으로 말미암아 죄를 용서받아서 하나님의 심판에서 제외되는 것입니다.

그러므로 예수 그리스도의 반석 위에 세워진 성도는 성령께서 거하시는 교회로서 음부의 권세가 이기지 못합니다(마 16:18). 예수 그리스도를 믿음으로 말미암아 영원히 흔들리지 않고 무너지지 않는 하나님 나라가 내면 가운데 세워지게 되는 것입니다.

2) 허무시고 다시 세우시는 하나님

하나님께서는 장차 예수 그리스도를 통하여 영원히 무너지지 않는 나라를 세워주시겠다고 약속하셨습니다. 그런데 왜 이방 나라를 통하여 예루살렘의 성읍과 성벽들, 성전까지 무참히 다 허물어 버리신 것입니까?

이는 옛 것, 잘못된 것을 먼저 허물어야만 새로운 것으로 다시세우고 회복하는 역사를 일으킬 수 있기 때문입니다. 하나님은 허무셨다가 다시 세우시는 분이요, 찢으셨다가 도로 낫게 하시는 분입니다. 심판의 역사, 파괴의 역사가 있어야만 회복의 역사, 재건의 역사가 있는 것입니다. 실로 하나님은 백성들 안에 있는 죄악과 거짓과 불의의 잔재들을 다 제거하시고 허무신 후에 선하고 진실하며 의로운 것으로 새롭게 창조하시는 분입니다.

3) 주님과 함께 거하게 될 영원한 나라

하나님께서는 예수 그리스도를 믿는 자들의 삶 가운데 모든 것이 무너졌을지라도 다시 세우시고, 죽었어도 다시 부활시키는 역사를 이루실 것입니다. 그리고 우리는 장차 영원히 흔들리지 않는 나라, 천국에서 예수 그리스도와 함께 살아가게 될 것입니다. "또 내가 새 하늘과 새 땅을 보니 처음 하늘과 처음 땅이 없어졌고 바다도 다시 있지 않더라 또 내가 보매 거룩한 성 새 예루살렘이 하나님께로부터 하늘에서 내려오니 그 준비한 것이 신부가 남편을 위하여 단장한 것 같더라 내가 들으니 보좌에서 큰 음성이 나서 이르되 보라 하나님의 장막이 사람들과 함께 있으매 하나님이 그들과 함께 계시리니 그들은 하나님의 백성이 되고 하나님은 친히 그들과 함께 계셔서 모든 눈물을 그 눈에서 닦아 주시니 다시는 사망이 없고 애통하는 것이나 곡하는 것이나 아픈 것이 다시 있지 아니하리니 처음 것들이 다 지나갔음이러라" (계 21:1-4).
본문에 약속된 새 건축의 축복은 결국 예수님께서 다시 오시는 날 우리 앞에 나타나게 될 새 예루살렘에 대한 약속이라고 할 수 있습니다. 새 예루살렘은 결단코 흔들리거나 무너지지 않는 나라입니다. 하나님께서는 새 하늘과 새 땅에 새 예루살렘을 세우시고 거룩한 그리스도의 교회들을 신부로 맞이할 것입니다. 그리고 이 땅에서 받았던 교회들의 모든 아픔과 원한을 그곳에서 신원하시고 세세 무궁토록 주님과 영원한 기쁨을 누리며 살아가게 하실 것입니다.

더불어 이스라엘 땅에 있는 예루살렘 성전만이 야훼의 성지가 아닙니다. 바로 우리가 야훼의 성지입니다. 여러분이 바로 'Holy Land'입니다. 어떻게 우리가 야훼의 성지가 될 수 있습니까? 우리 속에 성령 하나님을 모시고 있기 때문입니다. 여러분 자신이 하나님이 거하시는 성지요, 하나님 나라라는 것을 믿으시기 바랍니다. 그리하여 날마다 성령님과 동행하면서 여러분 삶에 새로운 재건의 축복을 누리고 나아가 영원한 나라에 영광스럽게 서게 되시기를 주님의 이름으로 축원합니다.

새로운 건축의 축복

새로운 건축의 축복은 절망적인 상황 속에 놓인 하나님의 백성들에게 다시 소망을 주기 위해서 하신 약속입니다. 그리고 삶의 터전을 회복시키시고 그곳에 새롭고 멋진 삶을 다시 건축하시는 하나님의 솜씨를 보게 하는 약속입니다.

1. 새롭게 재건될 예루살렘

예루살렘의 건축은 이스라엘 백성뿐 아니라 하나님을 위한 재건이었습니다. 사람이 살 수 있는 성읍으로 완전히 회복될 것입니다. 이렇게 새롭게 회복된 예루살렘은 궁극적으로 하나님께서 내주하실 교회를 상징합니다. 예수 그리스도로 말미암아 마귀에게 사로잡힌 백성들을 해방시켜서 그 죄악을 씻으시고 그들 안에 성령님으로 내주하시는 것입니다. 따라서 예수 그리스도를 통한 교회의 회복은 야훼 하나님을 위한 것입니다.

2. 거룩한 백성으로의 회복

예루살렘 성은 시체와 재로 가득하고, 모두 파괴된 땅, 결코 소망을 가질 수 없는 회복 불가능한 땅이었습니다. 그러나 하나님은 이스라엘 백성들에게 예루살렘의 회복에 대한 분명한 확신과 소망을 심어주십니다. 시체와 재의 모든 골짜기를 야훼의 거룩한 곳이라고 선언하시며, 측량줄인 말씀을 통해 이스라엘을 거룩한 곳으로 변모시킬 것을 약속하십니다.

3. 영원한 나라, 새 예루살렘

하나님은 이스라엘 백성들에게 다시는 무너지지 않는 영원한 나라를 약속하셨습니다. 그것은 메시야를 통하여 새 언약 위에서 세워질 교회와 하나님 나라에 대한 약속입니다. 영원히 전복되지 않는 나라입니다. 하나님은 옛 것, 잘못된 것을 먼저 허물고 새로운 것으로 다시 세우시는, 죽었다가 다시 부활하는 역사를 이루실 것입니다.

🕊 우리 자신이 하나님이 거하시는 성지요, 하나님 나라라는 것을 믿어야 합니다. 그리하여 날마다 성령님과 동행하면서 우리의 삶에 새로운 재건의 축복을 누리고, 나아가 영원한 나라에 영광스럽게 서게 되시기를 주님의 이름으로 축원합니다.